新説 坂本龍馬

町田明広
Machida Akihiro

インターナショナル新書 045

目次

龍馬の足取り（略年譜）

プロローグ　14

第一章　龍馬の生い立ちと江戸修行——人格形成の秘密　19

坂本龍馬の生まれた日／お坊っちゃん、坂本龍馬／剣術修行と江戸行き／ペリー来航と龍馬／佐久間象山の塾へ／帰藩と河田小龍との出会い

第二章　安政期の政情と二度目の出府——剣術修行と千葉佐那　30

鎖国と開国／ペリーの時代／将軍継嗣問題／ハリスの時代／戊午の密勅と安政の大獄／龍馬二度目の江戸行き／桂小五郎との上覧試合／江戸の婚約者、千葉佐那

第三章　土佐勤王党と志士龍馬の誕生——武市半平太と間崎哲馬　41

龍馬の政治的な目覚めと水戸藩士／住谷寅之介による龍馬評／武市半平太と土佐勤王党／龍馬、土佐勤王党に加わる／武市半平太の栄枯盛衰／間崎哲馬の人的ネットワーク

第四章 久坂玄瑞と島津久光の率兵上京
——第一次脱藩への影響 51
長州藩の航海遠略策／島津久光の率兵上京／生麦事件／尊王浪士弾圧、寺田屋事件／龍馬、武市の使いとして長州へ／長州藩・久坂玄瑞／龍馬の脱藩は久坂の影響か／龍馬の第一次脱藩、その事情／脱藩は重罪だったのか

第五章 松平春嶽、勝海舟、大久保忠寛との邂逅
——第一次脱藩前後の龍馬 65
幕府と朝廷、政令二途の混乱／即時攘夷の長州／松平春嶽と龍馬／勝海舟と龍馬はいつ出会ったのか／脱藩赦免への動き／龍馬の脱藩罪赦免となる／大久保忠寛と龍馬／勝海舟の海軍構想／勝海舟と姉小路公知

第六章 神戸海軍操練所と第二次脱藩——龍馬の海軍構想とは 84
春嶽に援助を要請する／龍馬の「洗濯」の意味とは？／二度目の脱藩／神戸海軍操練所の塾頭は？／勝海舟の失脚／龍馬の海軍構想／勝の征韓論／勝の長崎行き、裏の意味／龍馬と長崎

第七章　薩摩藩士・坂本龍馬の誕生――薩長融和周旋の開始　99
島津久光の中央政局進出／朝廷と一会桑勢力／禁門の変と第一次長州征伐／薩摩藩海軍が土佐脱藩浪士をリクルート／薩摩藩士!?　坂本龍馬／龍馬、長州への潜入を命じられる／木戸と龍馬の面談

第八章　「西郷すっぽかし事件」と名義借り――龍馬の実像探索　113
西郷・木戸会談の要請／西郷来関へのそれぞれの思惑／西郷は本当に木戸をすっぽかしたのか？／長州藩の武器調達に龍馬は役に立ったのか／長州藩、自ら武器調達に動く／名義借りに成功したのは誰？／薩長融和へ、長州藩の期待

第九章　龍馬の長州藩派遣と薩長融和の促進――交渉人・龍馬の凄み　126
巻き返しを狙う幕府／幕府権威の失墜／通商条約がついに勅許される／薩摩藩の抗幕姿勢／龍馬、西郷と共に長州へ／長州藩の素早い対応／「非義勅命」／幕府の長州藩尋問／龍馬、再度の長州派遣

第一〇章　盟友・近藤長次郎とユニオン号事件
——亀山社中はなかった！
龍馬のライバル!?　近藤長次郎／近藤長次郎と薩摩藩の関わり／久光が目を通した近藤の上書／近藤の対外政略論／亀山社中とは何か／再び、名義貸しについて／小松帯刀のお抱え、亀山社中／社中代表格・近藤長次郎／ユニオン号と桜島条約／ユニオン号調達の実態／近藤の薩長融和周旋活動／近藤、ユニオン号で下関へ／龍馬、ユニオン号事件に巻き込まれる／ユニオン号事件解決へ／近藤長次郎の自殺／理由は妬みか、それとも？
139

第一一章　「小松・木戸覚書」の成立と意義
——薩長同盟伝説を撃つ
木戸孝允の上京／薩摩は長州に加担するべきか／木戸孝允の孤軍奮闘／龍馬を政治的に利用／龍馬の薩長同盟仲介説は疑問／覚書「六箇条」の内容／「兵士」は幕府？　薩摩？　それとも？／新史料の内容／木戸のはったりとリップサービス／逆算から生まれた「薩長同盟」／「小松・木戸覚書」の意義
166

第一二章　寺田屋事件の実相とその後の政情——龍馬暗殺の伏線　184
龍馬、木戸の依頼で京都へ／大久保忠寛からの忠告／寺田屋事件前夜／寺田屋事件／龍馬、薩摩藩邸に匿われる／御容捨これ無き方／第二次長州征伐へ／薩摩藩と幕府

第一三章　龍馬社中と土佐藩復帰——薩摩藩士・土佐藩士の二面性　197
龍馬、鹿児島へ／ワイルウェフ号の沈没／社中のメンバーが乗船していたのか？／龍馬、ユニオン号とともに長崎へ／長州藩主・毛利敬親に謁見する／薩摩藩士・龍馬の足取り／天下の人物／龍馬社中の誕生／大極丸の購入と使用／小松が期待した龍馬の役割／土佐藩の抱き込み／後藤象二郎からの接近／後藤・龍馬会談／龍馬の土佐藩帰参／半分が薩摩藩士、半分が土佐藩士

第一四章　海援隊と薩土盟約——龍馬の功績とその実相　218
土佐藩・福岡孝弟の参画／龍馬はなぜ変名を用いたのか？／海援隊とはどんな団体か？／薩摩藩の方向転換、武力討幕へ／大政奉還のベースとなった「大条理」プランは龍馬の発案か？／薩摩藩へ「大条理」プランを提示する／薩土盟約／薩摩藩のダブルスタンダード外交／龍馬の役割とは何か／薩土密約の存在

第一五章　大政奉還と龍馬暗殺――幕末史上の大事件は何が謎なのか？　239
容堂の反対とイカルス号事件／土佐藩の及び腰／島津久光の中央政局離脱／挙兵か否かで揉める薩摩藩／薩摩藩、大政奉還路線へ／龍馬とイカルス号事件／土佐藩のライフル購入／武力発動か大政奉還か／徳川慶喜、大政奉還を受け入れる／龍馬、後藤に圧力をかける／討幕の密勅／小松帯刀の活躍／龍馬の新国家プラン／龍馬暗殺を検証する／西郷黒幕説／会津藩の画策／なぜ見廻組なのか

エピローグ　264

参考文献　267

＊史料の読み下し文などには、読みやすさを考慮して編集部の方で適宜、句読点や振り仮名などを補った。

■龍馬の足取り（略年譜）

和暦（西暦）	年齢	事項　**太字は時代背景**
天保六年（一八三五）	一歳	11月15日　坂本八平の二男として龍馬誕生。
弘化三年（一八四六）	一二歳	母・幸が死去。
嘉永元年（一八四八）	一四歳	日根野の弁治道場に入り、剣術を学ぶ。
嘉永六年（一八五三）	一九歳	3月　小栗流和兵法事目録を授かる。剣術修行のため、江戸へ出立。北辰一刀流、千葉定吉道場に入門。**6月　アメリカのペリーが浦賀へ来航。12代将軍・徳川家慶死去。7月　幕府、江川英龍に品川台場築造を命じる。**12月　この頃、佐久間象山の塾に入門する。
安政元年（一八五四）	二〇歳	**1月　ペリーが再び来航。3月　日米和親条約調印。箱館・下田を開港。**6月　龍馬、江戸より土佐へ帰国。この頃、河田小龍を訪ねる。
安政二年（一八五五）	二一歳	12月　父・八平が死去。**10月　幕府、長崎海軍伝習所を設立。**
安政三年（一八五六）	二二歳	**7月　アメリカ総領事ハリスが下田へ着任。**8月　再び江戸へ出立する。
安政四年（一八五七）	二三歳	3月　剣術大会で桂小五郎（木戸孝允）と対戦する。**10月　ハリスが江戸城で13代将軍・徳川家定に謁見。**
安政五年（一八五八）	二四歳	**4月　井伊直弼が大老に就任。6月　日米修好通商条約調印（以後、蘭・露・英・仏とも調印。安政五か国条約）。7月　家定死去。8月　戊午の密勅。9月　安**

		政の大獄がはじまる。 9月 江戸より土佐に帰国する。11月 土佐立川関で、水戸藩士・住谷寅之介らと会う。
安政六年（一八五九）	二五歳	9月 砲術家・徳弘孝蔵に入門。**12月 山内容堂隠居。**
万延元年（一八六〇）	二六歳	**3月 桜田門外の変。**
文久元年（一八六一）	二七歳	**5月 長州藩士・長井雅楽が朝廷へ航海遠略策を提出。東禅寺事件（英公使館襲撃）。** 8月 土佐勤王党が結成され、龍馬も加盟。**10月 和宮が江戸へ向けて発つ（和宮降嫁）。** 10月 武市半平太の使いとして長州へ。
文久二年（一八六二）	二八歳	1月 長州で久坂玄瑞に会う。**1月 坂下門外の変。即時攘夷派台頭。** 3月1日 土佐に戻る。同月24日 土佐を出奔（第一次脱藩）。**4月 島津久光、率兵上京。寺田屋事件（薩摩藩が尊王浪士を弾圧）。7月 一橋慶喜が将軍後見職、松平春嶽が政事総裁職に就任。長州藩が破約攘夷を藩是とする。8月 生麦事件。** 8月 大坂を経て、江戸へ入る。10月 この頃、勝海舟の門人となる。**11月 勅使（三条実美・姉小路公知）が江戸へ。** 12月 間崎哲馬・近藤長次郎とともに、松平春嶽に拝謁する。
文久三年（一八六三）	二九歳	1月 千葉重太郎・近藤長次郎らと江戸へ向かう。勝の順動丸に松平春嶽とともに乗船。2月 脱藩罪赦免となる。3月 順動丸で大坂から江戸へ。**3月 14代将軍・家茂上洛（攘夷決行期限を5月10日と朝廷に回答）。** 4月 江戸で大久保忠寛と面談。その後、大坂、和歌山へ。**5月 下関事**

件。5月16日　海軍塾設立の資金援助を申し込むため、福井へ向かう。横井小楠と面談。その後、京都で福井藩の中根雪江、その後村田氏寿と会談。**5月　朔平門外の変。7月薩英戦争**（10月講和）。**8月　即時攘夷派が孝明天皇の大和行幸を計画。同月18日　八月十八日政変。翌日、七卿落ち。9月　土佐勤王党弾圧。**11月　土佐藩から帰国命令。12月　二度目の脱藩。

元治元年（一八六四）　三〇歳

1月　参与会議が開始される。2月　勝海舟の長崎出張に従う。その後、熊本へ横井小楠を訪ねる。長州藩の楫取素彦と知遇をえる。**5月幕府が、神戸海軍操練所開設を布告。6月　池田屋事件**（新選組が尊王志士を殺害・捕縛）。**7月　禁門の変で、長州藩が敗退する。第一次長州征伐。8月　英・仏・米・蘭四国連合艦隊が下関を砲撃。**10月　勝海舟の失脚により、神戸海軍操練所が事実上閉鎖となり、龍馬らは薩摩藩の庇護下に入る。**11月　長州藩が恭順の意を幕府に表す。12月　功山寺挙兵**（長州藩・高杉晋作らによるクーデター）。

慶応元年（一八六五）　三一歳

4月　大坂を出立し、鹿児島へ向かう。**4月　幕府が、長州再征令を布告。**5月　鹿児島到着。太宰府で、三条実美ら五卿に拝謁する。楫取素彦に会い、下関へ向かう。**5月　家茂が長州再征のため上洛。**閏5月　下関で木戸孝允と面談、薩摩藩の状況を伝える。同月29日　中岡慎太郎とともに、下関を出立し京都へ向かう。**閏5月　武市半平太が切腹する。**6月

		京都で西郷と会談。**7月　薩摩藩の斡旋で長州藩が、長崎において鉄砲を購入。9月　四国連合艦隊が兵庫開港・条約勅許を求めて兵庫沖に現れる。**9月　西郷とともに大坂から海路、上関へ向かう（西郷はそのまま鹿児島へ戻る）。10月　長州へ入り、楫取素彦と再会。**10月　朝廷が通商条約を勅許する。長州藩がユニオン号を購入（名義は薩摩藩）。**12月　下関にてユニオン号事件に巻き込まれる。
慶応二年（一八六六）	三二歳	1月　三吉慎蔵らとともに、京都へ向け出立。京都の薩摩藩邸へ入る。「小松・木戸覚書」（薩長同盟）が交わされる。**1月　近藤長次郎が自刃。**1月23日　伏見寺田屋で幕吏の襲撃を受け、薩摩藩邸へ逃れる。3月　お龍とともに、大坂より海路、鹿児島へ向かう。霧島山などをめぐり静養。4月　ユニオン号に乗船して鹿児島を発ち、長州へ向かう（途中長崎で、お龍を小曾根家に預ける）。**5月　ワイルウェフ号が沈没し、池内蔵太らが死亡する。6月　第二次長州征伐開戦。**6月　下関で海戦に参加する。7月　長州藩主・毛利敬親に謁見。**7月　将軍・家茂が急死。**この頃、長崎・鹿児島間を2往復。10月　長崎で小松帯刀・西郷と会談。**12月　15代将軍に慶喜が就任。孝明天皇が死去。**
慶応三年（一八六七）	三三歳	1月　長崎で後藤象二郎と会談。**1月　明治天皇が践祚。**2月　脱藩赦免される。**2月　西郷が山内容堂に拝謁し、上京を請う。3月　慶喜が兵庫開港**

勅許を朝廷へ求める。 4月 海援隊隊長に任命される。紀州藩船明光丸といろは丸が衝突し、いろは丸が沈没する。**5月 四侯会議（長州処分・兵庫開港問題）開始。兵庫開港勅許。** 5月 いろは丸賠償問題が解決。6月 土佐藩船夕顔丸で後藤象二郎とともに、「大条理」プラン説明のため長崎を発し上京。6月 薩土盟約が成立。7月 イカルス号水夫殺傷事件。その問題に伴い、兵庫、次いで土佐へ。8月 下関を経て、長崎へ入港する。9月 オランダ商人からライフル銃一三〇〇挺を購入契約。長崎を出立する。下関を経て土佐へ向かう。**9月 薩・長・芸の三藩が出兵協定を結ぶ。** 10月 土佐を出航し京都へ。**10月 土佐藩が大政奉還建白書を提出し、14日慶喜が大政奉還を請い、翌日勅許。** 11月 永井尚志に面会。15日 京都近江屋で中岡慎太郎とともに襲撃を受け、龍馬は即死。中岡は17日に死亡。17日 京都東山霊山に埋葬される。

プロローグ

私が坂本龍馬と初めて出会ったのは、昭和四九年（一九七四）放映のNHK大河ドラマ『勝海舟《かつかいしゅう》』であった。小学校六年生だった私は、日曜の夜八時が待ち遠しくてならず、ドラマというより、歴史そのものを活写しているとの錯覚に陥り、幕末世界に取り込まれていった。仮面ライダー1号というイメージしかなかった藤岡弘が龍馬を演じており、以来、私の頭の中では、福山雅治のような繊細でイケメンな龍馬ではなく、武張った感じの豪放《ごうほう》磊落《らいらく》な龍馬像が定着した。

時を同じくして、司馬遼太郎《しばりょうたろう》の『竜馬がゆく』を読みはじめた。龍馬を主人公にしながらも、幕末通史の勉強にもなった作品で、小説というよりもドキュメンタリーとして捉えていた。文庫版八巻を読破後、次は『燃えよ剣』や『花神《かしん》』といった司馬の幕末作品を踏破し、さらに戦国物にまで触手を伸ばした。司馬の作品には龍馬に代表されるようなヒーローがきまって描かれており、そのヒーローに自分自身を仮託することで、血湧き肉躍る興奮を覚えた。そしていつしか、司馬が描く世界と史実の境界線が分からなくなり、私の中で司馬作品＝史実となっていた。

司馬が幕末作品を量産した時代は、昭和四三年前後、「明治一〇〇年」の頃であった。平成三〇年（二〇一八）の「明治一五〇年」の行事や催し物がどちらかと言うと、観光を意識した地方自治体などを中心とするボトムアップ型であったのとは対照的に、五〇年前の「明治一〇〇年」は国家行事としてトップダウン型であった。敗戦後、自信を失っていた日本人に勇気を与えるために、明治維新という未曽有《みぞう》の大成功を、ことさら取り上げ賛美した。そして、龍馬のような〝ヒーロー〟をたくさん世に送りだし、日本人に勇気を与えた。

これを担ったのが、国民的作家となる司馬であった。後に「司馬史観」と言われる彼の歴史観によって、多くの日本人は歴史を捉えるようになったが、まさにそれこそ五〇年前に国家が構築しようとした歴史観に他ならない。とくに龍馬は海援隊を率いたビジネスマンとしての側面が強調され、高度経済成長への弾みとされた。龍馬は暗殺されてしまい、ビジネスによって世界制覇はできなかったが、その遺志を継ごうではないかといった感じである。

司馬史観とは、明治を合理的な人間が作りだした明るい国家と賛美し、一方、戦前戦中の昭和を非合理的で無能な人間がそれを破壊した暗黒な国家と断罪する。明治維新の成功と高度経済成長の成功が無媒介に直結され、戦前の日本をことさら例外視する。そこには必ず「合理的なヒーロー」が存在し、カリスマ性を発揮するヒーロー重視の英雄史観でもある。司馬の小説はいつの間にかノンフィクションのように受け取られ、司馬自身は小説家を超えた影響力を現在も発揮し続けている。

かくいう私も、司馬史観の申し子のような存在であった。しかし、幕末史の研究を長年にわたって行ってきた私は、いつしかこの司馬史観に疑問を抱くようになっていた。あわせて、司馬の描くヒーローたちを、無批判に受け入れることに抵抗を感じはじめたが、そもそも、司馬の作品には事実誤認が散見され、時には作為的な匂いすら漂う。しかも、過剰な表現が駆使され、いつしか本当の人物像からかけ離れてしまっている。龍馬がその最たる例である。

もちろん、司馬以降に現在の龍馬像を形作ったものが皆無ではないが、圧倒的な影響力は『竜馬がゆく』であろう。こうして出来上がってしまった龍馬像は始末が悪く、ピンポイントで龍馬に深甚な関心を集中させる数多の龍馬ファンの前では、なかなか研究者が手を出しにくい存在となっていった。フィクションから生まれた「坂本龍馬伝説」が「史実」となって久しいのだ。

そんな中で、従来の龍馬像に風穴を開けたのが、松浦玲『坂本龍馬』（岩波新書、二〇〇八年）と知野文哉『「坂本龍馬」の誕生』（人文書院、二〇一三年）であろう。前者は、龍馬を限りなく客観視して、一次史料から龍馬を描き直そうとしており、後者は、船中八策《せんちゅうはっさく》（235頁参照）は存在しなかったことを論証している。こうした成果にもかかわらず、相変わらず龍馬は「司馬龍馬」のままであり、なかなかその実像が見えてこない。龍馬のぜい肉を落とすと同時に、あらたな筋肉も付ける、そんな作業が求められる段階に来ていると感じている。

私は、明治維新史を専門としているが、その主な対象は幕末政治史であり、さらに絞り込んで、薩摩藩を中心に研究を行っている。その他にも、攘夷といった対外認識論（外国に対する考え方、世界観）にもアプローチしている。そうした中で、とくに前者において、龍馬の存在はきわめて重要である。しかし、史料にあたっていくと通説と違った龍馬の動向が散見され、過大評価された部分も少なくないと感じる。一方で、過小評価されている部分も発見した。これは、龍馬の価値を高めることとなるだろう。こうした新しい龍馬を提示したい。

それともう一点、龍馬の〝帰属〟の問題である。一般的に、龍馬は土佐藩を脱藩した浪士として扱われる。脱藩したにもかかわらず、なぜ龍馬は活躍することができたのか。現代であれば国籍不明であり、普通は信用もなく活動もままならない。龍馬にとって、脱藩とはどのような意義があり、それを周囲はどのように捉えていたのか、実は先行研究でもこのあたりへの言及は少ない。龍馬は脱藩後、薩摩藩と行動をともにし、その後、土佐藩に復帰したとするのが通説であるが、この間、龍馬はどのような帰属変遷を経ているのか、そして最後は本当に土佐藩士として暗殺されたのか、こうした問題にも終始こだわりたい。

本書の目的は、これまでの先行研究にもじゅうぶんに目配りをしながら、主として筆者が薩摩藩研究を進める中で見えてきた、〝新しい龍馬像〟を提示することであり、その生涯を追い続ける伝記とは一線を画している。紙幅の許す限り、当時の政治動向の叙述をじゅうぶんに行うことによって、龍馬がどのような背景の下で活躍していたのかを炙《あぶ》りだしたい。その際に、龍馬の帰属先の問題について、つねに念頭に置いておきたい。

あらたな坂本龍馬論を展開したいと考えている。

第一章　龍馬の生い立ちと江戸修行

――人格形成の秘密

坂本龍馬の生まれた日

　坂本龍馬は天保《てんぽう》六年（一八三五）一一月一五日生まれとされている。暗殺されたのが慶《けい》応《おう》三年（一八六七）一一月一五日なので、彼の人生は誕生日に亡くなるという劇的な幕引きとなった。しかし、生まれ年については異論がないものの、月日については諸説あって、本当に誕生日に命を落としたのかどうか、実は曖昧《あいまい》なのだ。おそらく何事もドラマティックにしたかった後世の人間の作為が働いたのだろう。

　なお、天保六年一一月一五日というのは正確ではない。この日は西暦に直すと一八三六年一月三日にあたり、一般的な天保六年＝一八三五年は成り立たない。和暦と西暦では、年末年始にずれが生じてしまい、こうした齟齬《そご》が生じる。本書では便宜的に、和暦にはその年の一般的な西暦表示を用いることにしたい。

お坊っちゃん、坂本龍馬

龍馬は、郷士《ごうし》(1)・坂本家（高知城下の本町一丁目）の三代目を継いだ父・八平《はちへい》の次男として誕生した。父は養子で、母が祖父・坂本直澄《なおずみ》の娘で、幸《こう》といった。母は龍馬が一二歳の弘化三年（一八四六）に亡くなり、その後龍馬は八平の後妻・伊与《いよ》にしつけられた。龍馬には四人の兄姉がおり、兄・権平《ごんぺい》とは二一歳、長女・千鶴《ちづ》とは一九歳も年が離れており、次女の栄《えい》は生没年不詳、三女の乙女《とめ》は三歳年上であった。龍馬は末っ子であり、こうした大人社会にひょっこり生まれたことは、龍馬の人格形成において影響を与えたであろう。

坂本家の本家は才谷屋《さいだにや》という成功を収めた商家であり、龍馬の家はそこから分家して坂本家となったが、当時は売買可能であった新規郷士の株を取得した家であり、その四代目にあたるのが、龍馬たち兄弟であった。分家の際に、才谷屋から多額の財産を分与されており、龍馬はひじょうに裕福な家庭に育った。当然、広大な敷地の中には、複数の使用人もいたはずであり、龍馬はお坊っちゃんとして何不自由なく幼年期、少年期を過ごせたのだ。

ちなみに、天保六年生まれには、土方歳三《ひじかたとしぞう》、松平容保《まつだいらかたもり》、有栖川宮熾仁親王《ありすがわのみやたるひと》、松方正義《まつかたまさよし》、五代友厚《ごだいともあつ》、前島密《まえじまひそか》、小松帯刀《こまつたてわき》など、錚々《そうそう》たるメンバーがひしめいている。龍馬と縁がある人物の名も見えるが、特筆すべきは薩摩藩の小松帯刀であろう。ある意味、龍馬は小松に見出され、小松のもとで活躍することになる。この点は後述したい。

ところで、幼年期の龍馬の人格形成に、何が影響を与えたのかはじゅうぶんな史料が残されていないため、詳《つまび》らかにすることは叶わない。推測するに、郷士とはいえ裕福な商家筋の家では、人の出入りも多く自然と人との触れ合いが生まれ、相手の心の機微を読むことにたけてくるはずである。こうした環境は、龍馬のコミュニケーション能力やネットワーク形成力の向上に寄与したのではないだろうか。家には大人しかおらず、厳しいしつけを受けながら、大人びた性格が育まれ、外の世界での友人との付き合いにおいては、リーダー的な存在であったことが想像できよう。

また、八平の後妻・伊与の前夫の実家である廻漕《かいそう》業・下田屋川島家に乙女とともに頻繁

（1）土佐藩の身分階級は上士と下士に分かれており、その間に白札《しろふだ》が置かれた。下士は郷士・徒《か》士《ち》・足軽《あしがる》などに分かれていた

に出入りしており、その際に長崎や下関（山口県下関市）の土産話《みやげ》などを聞き、世界地図や数々の輸入品を見て世界への関心を持ったとされる。この事実は、龍馬の世界観の形成に寄与し、龍馬が海軍や海外交易に関心を持つきっかけになったと考えられる。

剣術修行と江戸行き

嘉永《かえい》元年（一八四八）、龍馬は一四歳で日根野弁治《ひねのべんじ》の道場に入門し、熱心に剣術の稽古に打ち込んだ。そして、五年の厳しい修業を重ねた結果、嘉永六年三月には、一九歳で「小《お》栗流《ぐり》和《やわら》兵法事目録」を修得している。

龍馬にとって剣術修行は、どのような意味合いがあったのだろうか。龍馬は郷士とはいえ、元をたどれば商人に行き当たる。龍馬にとって、武士として生きるにあたり、その出自は重苦しい気持ちにさせるものだったのではないだろうか。剣術に打ち込むことが、それを払拭し、武士としてのアイデンティティの獲得へと繋がったのだ。そうした龍馬の思いは、藩外での武者修行の欲求となり、江戸剣術修行へと展開する。これは自費での遊学であった。

ところで、龍馬は出発にあたり、父・八平（五七歳）から「修業中心得《こころえ》大意」を与えら

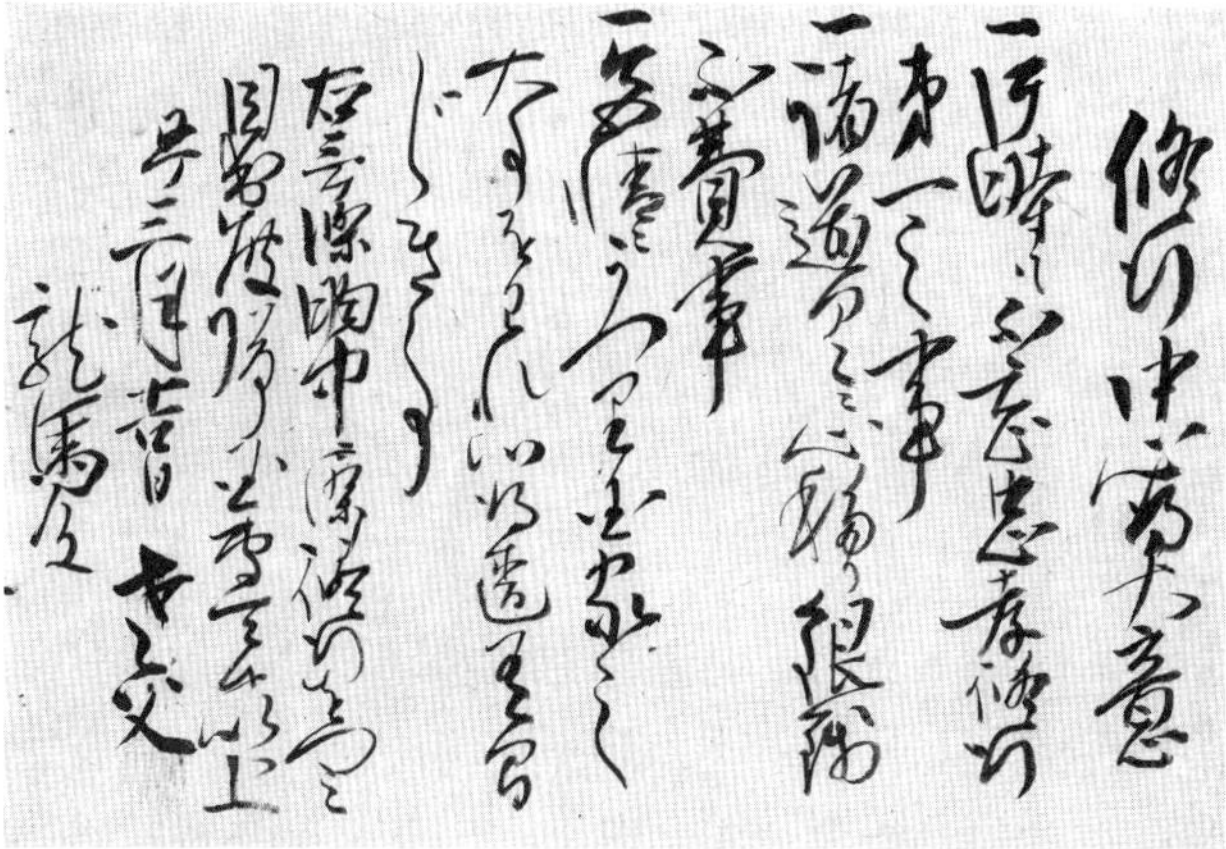

図1　江戸へ剣術修行に向かう龍馬へ父が書き送った「修行中心得大意」
京都国立博物館蔵

れた。そこには、次のような三箇条が認《したた》められていた。

- 片時も忠孝を忘れず、修行第一の事
（いつでも忠孝を忘れずに、修行を第一にする）
- 諸道具に心移り、銀銭を費やさざる事
（道具に心を奪われ、金の無駄遣いをしない）
- 色情にうつり、国家の大事をわすれ心得違いあるまじき事
（色恋にうつつを抜かし、国の大事を忘れるような心得違いをしない）

さて、これは、一般的な父親からの訓戒と

判断してよいレベルとは到底思えない。龍馬の青春時代を、色濃く反映したものに感じるのは筆者だけだろうか。封建時代の武士階級において、龍馬が品行方正であれば、ここまでの内容を父親から突き付けられたりはしないはずである。龍馬が裕福な家庭で、伸び伸びと青春を謳歌《おうか》していた証拠ではないだろうか。

龍馬は剣術修行を一六ヶ月間許され、嘉永六年三月に溝淵広之丞《みぞぶちひろのじょう》とともに、土佐を出発した。もっとも、一人旅説もあるのだが、最初の旅であり、しかも江戸への長旅である。龍馬も親も同行者を欲したとしても不思議ではない。江戸への到着は四月ないしは五月頃で、江戸三大道場の一つである北辰一刀流《ほくしんいっとうりゅう》開祖・千葉周作《ちばしゅうさく》の玄武館《げんぶかん》、または弟の千葉定《さだ》吉《きち》道場（桶町《おけちょう》千葉道場）へ入門したとされるが、後者が有力であろう。当時、定吉は鳥取藩の江戸屋敷で剣術師範を務めており、龍馬が門をくぐった千葉道場の師範代を務めていたのは、定吉の息子・重太郎《じゅうたろう》であった。龍馬はこの重太郎と懇意になる。なお、龍馬は築地《つきじ》の土佐藩中屋敷、または鍛冶橋《かじばし》の土佐藩上屋敷に寄宿しながら通ったことになる。

ペリー来航と龍馬

ここで、大事件が勃発《ぼっぱつ》する。嘉永六年（一八五三）六月三日、ペリーが浦賀沖に来航したのだ。この時、龍馬がどのような行動をとったのか、記録には残っていないものの、父宛書簡（九月二三日）には、「異国船御手宛の儀は先免《さきに》ぜられ候《そうろう》」（宮地佐一郎『龍馬の手紙』、以下、龍馬書簡は断りがない場合は本書から引用）とあることから、江戸湾防衛のために臨時招集されて、三ヶ月ほど品川沿岸の警備をしながら、土佐藩下屋敷での訓練と屋敷守備の任務に就いていたのだろう。さらに、「異国船処々に来り候由《よし》に候へば、軍《いくさ》も近き内と奉存候《ぞんじたてまつり》。其節は異国の首を打取り、帰国可仕候《つかまつるべく》」、つまり〝異人の首を討ち取る〟と豪語しており、当時の緊迫した情勢と龍馬の攘夷思想が読み取れる。

佐久間象山の塾へ

ところで、土佐藩は外国艦隊との戦争に備えるために、鮫洲《さめず》の抱屋敷《かかえやしき》（大名などが農地などを購入し建築した屋敷）内に砲台の建設を計画していた。その大砲を操作する人員の育成のため、佐久間象山《さくましょうざん》の下で高島秋帆《たかしましゅうはん》が開発した洋式砲術を藩士に学ばせた。佐久間の塾は木挽町《こびきちょう》五丁目にあり、龍馬が築地の土佐藩中屋敷に寝起きしていた場合、指呼の間にあった。

ここで、佐久間について紹介しておこう。文化八年（一八一一）生まれの松代《まつしろ》藩士で、幕末の学者・思想家として名高く、妻は勝海舟《かいしゅう》の妹である。儒学者・佐藤一斎《いっさい》に師事して朱子学を修め、また蘭学、砲学にも通じており、西洋技術を取り入れる富国強兵、殖産興業を唱えた。天保一三年（一八四二）には、老中に就任した藩主・真田幸貫《さなだゆきつら》に「海防八策」を提出し、耳目を集めたが、嘉永七年（一八五四、一一月二七日に安政《あんせい》に改元）、門人・吉田松陰《よしだしょういん》の密航事件に連座して蟄居《ちっきょ》。元治《げんじ》元年（一八六四）七月、海陸備向掛手付雇《かいりくそなえむけかかりてつけやとい》として活躍中に即時攘夷派の浪士に京都で暗殺された。

ちなみに、「即時攘夷」とは、「通商条約を否定し、即時、外国船砲撃などの攘夷を実行」することであり、それに対する「未来攘夷」とは、「通商条約を容認し、将来、武備充実後に攘夷を実行」することである。

龍馬は佐久間の門人帳の嘉永六年一二月一日付に登場しているが、なぜ龍馬が入門したのか、その経緯は明らかでなく、自らの意思かどうかも分からない。土佐藩の仲間から誘われた可能性もあり、その場合、龍馬より先に入門していた樋口真吉《ひぐちしんきち》、山崎文三郎、桑原助馬あたりであろう。また、佐久間の塾は勝海舟、吉田松陰、長岡藩の河井継之助《かわいつぐのすけ》、会津藩の山本覚馬《やまもとかくま》ら錚々たるメンバーを輩出している。龍馬がこの塾で誰と出会ったのか、興味が尽きない。いずれにしろ、この塾によって、龍馬の知的好奇心が刺激を受け、海外への雄飛を夢見たことは想像に難くない。

帰藩と河田小龍との出会い

嘉永七年（一八五四）六月二三日、龍馬は一五ヶ月間の江戸修行を終えて土佐へ帰藩した。ペリー来航の余波で満足いく剣術修行ができたかは疑問であるが、閏《うるう》七月には江戸修行の実績が評価され、日根野弁治から伝目録「小栗流和兵法十二箇条並二十五箇条」を授与された。この頃、こうした実績を買われた龍馬が、日根野道場の師範代を務めた可能性も考えられる。

同年の後半、おそらく一一月下旬頃に、龍馬は最初の運命的な出会いを果たしている。河田《かわ》小龍《だしょうりゅう》である。河田は文政《ぶんせい》七年（一八二四）生まれ、龍馬より一一歳年上で、画家や思想家として知られている。龍馬はオランダ語の知識がある河田から国際情勢を学び、のちに、盟友となる近藤長次郎《こんどうちょうじろう》、長岡謙吉《ながおかけんきち》らを紹介されている。

河田を龍馬の師であることとともに有名にしているのが、『漂巽《ひょうそん》紀略《きりやく》』である。土佐藩の参政[2]・吉田東洋《よしだとうよう》の命令により、河田は、アメリカから帰国した漂流民の筆之丞《ふでのじょう》、五右衛《ごえ》門《もん》、万次郎《まんじろう》の取り調べをすることになった。彼らは日本語をじゅうぶん話すことはもちろ

（2）政治などに参与する職で、土佐藩においては他藩における家老と同等であった

ん、読み書きもろくにできない状態であった。ちなみに、万次郎は中浜《なかはま》万次郎（ジョン万次郎）のことで、文政一〇年、土佐の漁師の息子として生まれ、天保一二年（一八四一）に出漁中に遭難してアメリカの捕鯨船に救出され、アメリカで教育を受けた。彼はこの後、幕臣となり翻訳や軍艦操練、英語の教授に従事している。

　河田は、彼らの中で突出した万次郎の知識にひじょうに興味を抱き、自宅に寄宿させる許可を得て、万次郎に日本語の読み書きを教え、一方で、河田自身は万次郎から英語を学んだ。河田は議会や選挙制度、世界各地との外交や交易、また、巨大な蒸気船（軍艦）、鉄道、電信など、万次郎が語るアメリカの文明があまりにも進んでいるため、当初はそれを真実とは思えないほどであった。こうした科学技術の差に戦慄を覚えた河田は、我が国の行く末に不安を覚え、これを何とか知らしめようとの思いに駆られ、地図、風物などの挿絵を加えて『漂巽紀略』全五巻にまとめあげた。

　国際情勢に詳しく、日本の後進性に危機感を持ち、その先の植民地化を恐れる河田の言説に触れ、さらに『漂巽紀略』からアメリカのずば抜けた先進性を学んだことは、龍馬に計り知れない影響を与えたであろう。龍馬が河田からさまざまな知識を蓄積し、視野を海外へと向けたことは、紛れもない事実である。さらに、河田によってもたらされた、近藤長次郎らとのネットワークも、大きな財産となったのだ。龍馬にとって、河田との出会いは代えがたい宝物となった。

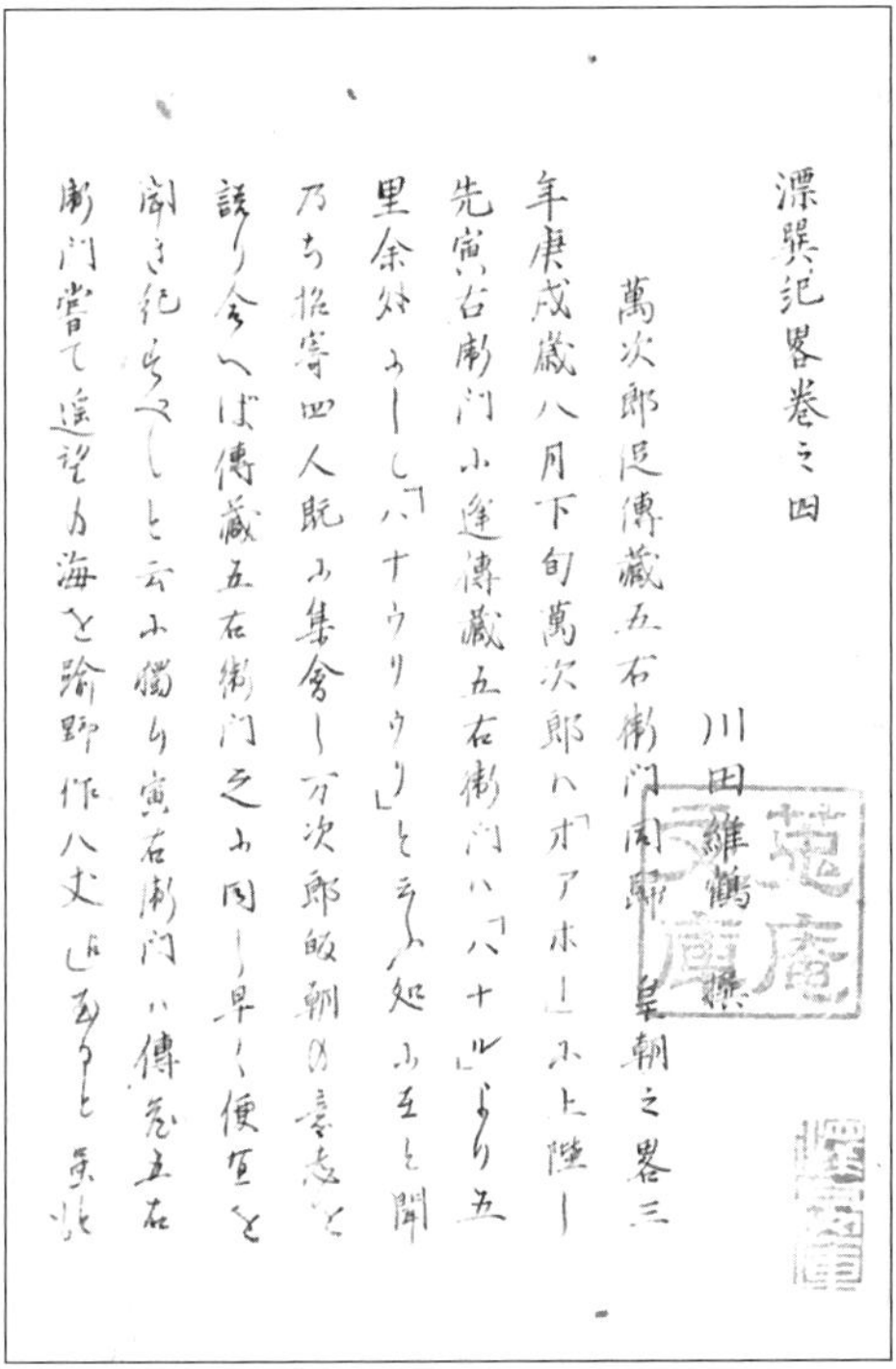

図2　河田小龍「漂巽紀略」の写本。中浜万次郎らが漂流し、アメリカ船に救助されて渡米、約11年後に帰国するまでの経緯、事情などを記したもの

京都外国語大学付属図書館蔵

第二章　安政期の政情と二度目の出府

――剣術修行と千葉佐那

鎖国と開国

こうして龍馬はグローバルな視点を持ちはじめていった。その安政期《あんせい》（一八五四〜六〇）とはどのような時代だったのか。「和親条約と安政の改革」、「通商条約と安政の大獄」を中心に、政治的な動向を確認しておこう。前者は「ペリーの時代」、後者は「ハリスの時代」である。まずは、対外政略である「鎖国」と「開国」の定義についてである。

「鎖国」とは、日本人の海外渡航、帰国を厳禁し、外国船を追い払うことを主眼としており、キリスト教を徹底的に排除することである。もっとも重要なのは、「外国船を追い払うこと」であり、イコール外国人を我が国の領土に入れさせないことだ。

一方、「開国」とは、通商（貿易）をはじめることで、具体的には、外国船が合法的に開港場に入り、当然のことながら外国人が上陸し、そこに商業行為の名の下に、居住をはじめる。つまり、撫恤《ぶじゅつ》政策(3)でも認めなかった、外国人の国内への侵入を許すことになる。

これによって、鎖国という国是（国の方針）は崩壊したことになり、日本は開国したことになる。まさに、通商をはじめることは鎖国体制であった国の形、つまり、「国体」が変わることを意味する。孝明《こうめい》天皇が断固として通商条約の調印に反対し続けたのは、自分の代で国体を変えることにどうしても我慢ならず、深く苦悩したからに他ならない。

しかも、国際社会への参画、つまり、欧米列強によって我が国が産業革命後の世界の新しい体系への編入を強制されるのである。帝国主義によるアジア侵略の最前線にさらされ、日本はつねに植民地化の危機を意識せざるを得なくなった。その上、今までに経験したことがない自由貿易主義(4)に巻き込まれることによって、日本は否応なしに世界の新しい体系

（3）外国船が窮乏している場合に限り、食料・薪水《しんすい》を提供するという対外政策。撫恤とは憐れいつくしみ、物をめぐむこと。文化三年（一八〇六）、天保一三年（一八四二）にも薪水給与令として発布された

（4）貿易に対する国家の干渉を排して自由な対外取引を行うという考え方や政策

の中に放り込まれるのだ。こうした危機は、ペリーの来航によって現実のものとなった。「ペリーの時代」の幕開けである。

ペリーの時代

嘉永七年（一八五四）三月三日にペリーとの間で結ばれた日米和親条約は、下田と箱館の開港と、そこでの薪水、食料など必要な物資の供給、漂流民の救助と保護、アメリカへの最恵国待遇[5]などが取り決められたが、最大のポイントは、開国ではなく通商を回避して和親に止めたことにある。後世の我々が開国と位置付けている和親条約は、当時の日本人にとって、アメリカとは国交を樹立したものの、物資の供給（施し）を認めたに過ぎず、鎖国政策を順守したとの認識であった。

欧米列強の脅威に晒されるという国難を迎えた幕府は、老中・阿部正弘《あべまさひろ》による「安政の改革」によって凌《しの》ごうとした。直面する外交問題に対応できない、深刻な武威低下に直面していた幕府は、朝廷と有力大名（水戸藩の徳川斉昭《とくがわなりあき》などの御三家〈尾張・紀伊・水戸〉、越前〈福井〉藩の松平春嶽《しゅんがく》などの一門、薩摩藩の島津斉彬《しまづなりあきら》、宇和島藩の伊達宗城《だてむねなり》などの外様）の協力を得て、挙国一致体制を構築しようとした。そして、江戸湾の防衛強化のため、伊豆韮山《いずにらやま》の代官・

江川英龍《えがわひでたつ》に台場砲台を造営させ、さらに、大船建造を解禁して海防を強化した。また、洋学教育、外交問題研究機関である蕃書調所《ばんしょしらべしょ》、海軍士官の養成機関である長崎海軍伝習所を設置した。こうした阿部の開明的な改革路線は、日本の近代化に大きく貢献することになった。もっとも重要な政策は人材登用で、勝海舟《かいしゅう》、大久保忠寛《おおくぼただひろ》（一翁《いちおう》）、岩《いわ》瀬《せ》忠震《ただなり》、川路聖謨《としあきら》、中浜万次郎《まんじろう》、高島秋帆《しゅうはん》などを大抜擢し、彼らの多くを目付、海防掛といった要職に起用した。その後、彼らは「安政の大獄」で罷免等の弾圧を受けたが、それまでは外交問題を中心に阿部を補佐して幕政を担当した。

岩瀬忠震を代表とする昌平坂学問所出身の海防掛は、積極的開国論を唱えたが、その内容は貿易の利益によって国を富ませて武備充実を図り、富国強兵を実現するための対外政策であった。その背景にはアヘン戦争やアロー戦争で植民地化への道をたどる、清（中国）の二の舞を何とか阻止しようという強い願望があった。こうした中で、安政の改革は実行されたのだ。

（5）他国に与えているもっともよい待遇と同等の待遇を締結国にも与えること

将軍継嗣問題

なお、改革を推進したグループは、将軍就任直後から暗愚で病弱とされる徳川家定《いえさだ》では、未曽有《みぞう》の国難を乗り切れないと判断し、将軍継嗣《けいし》として賢明、年長、人望の条件を満たす一橋慶喜《ひとつばしよしのぶ》を推し、一橋派を形成した。一方で、性急な改革に否定的であった譜代大名を中核とするグループは、あくまでも血統を第一として、紀州藩主・徳川慶福《よしとみ》（後の家茂《いえもち》）を推す南紀《なんき》派を形成した。こうして二つの派閥が形成され、対立をはじめるが、まさにこの改革派vs.守旧派の政争は国内を二分することになってしまう。

龍馬は前述の通り、ペリー来航時は江戸遊学中であり、実際に警備にあたり、佐久間象《しょう》山《ざん》の塾に通うなど、時代の荒波に身をさらしていた。しかし、この段階での龍馬は、開明的な佐久間の教えを受けながらも、即時攘夷を唱えるような、どこにでもいる攘夷家の若者の一人だった。

ハリスの時代

さて、「ハリスの時代」にも踏み込んでおこう。安政三年（一八五六）七月、タウンゼント・ハリスは日米和親条約で開港された下田に上陸し、玉泉寺《ぎょくせんじ》を総領事館と定めた。ハリスは直ちに江戸行きを希望し、江戸において通商条約の交渉をはじめる意向をあからさまに示した。だが、それが実現するのは一年以上も先になる。安政四年一〇月一四日、ハリスは江戸に到着し、二一日に江戸城で一三代将軍・徳川家定に謁見、ピアース大統領の親書を差し上げた。

しかし、水戸藩の徳川斉昭を始め通商条約への反対意見もあり、交渉は進まなかった。ハリスは現状を打開するために、艦隊の派遣や戦争の開始を示唆するなど、武力を背景にした砲艦外交を展開した。それが功を奏し、一二月三日に幕府は、下田奉行・井上《いのうえ》清直《きよなお》と岩瀬忠震を全権に任じ、交渉が開始された。この間、阿部老中が病死したため、老中首座には堀田《ほった》正睦《まさよし》が就いており、積極的な開国論を唱えた堀田外交を展開していた。その推進者、岩瀬が交渉では主導的な役割を果たした。

安政五年（一八五八）一月、堀田は反対意見を抑えて通商条約の締結を実現するため、上京して勅許を求めた。しかし、孝明天皇に拒絶されてしまう。しかも、四月二三日に井《い》伊《い》直弼《なおすけ》が突如として大老に就任する。井伊は、家茂を継嗣と内々に決定し、かつ通商条約については、堀田らの意見を抑え、あくまでも大名の意見調整を踏まえた勅許獲得に固執した。しかし、六月一九日、岩瀬の判断で調印に持ち込まれる。教科書などでは「井伊が開国を主導した」と言われているが、これは事実ではないのだ。

戊午の密勅と安政の大獄

安政五年（一八五八）八月八日、大事件が勃発《ぼっぱつ》する。「戊午《ぼご》の密勅」が下されたのだ。水戸藩に勅諚《ちょくじょう》（天皇の御言葉）が下賜され、諸藩にもそれは内密にもたらされた。政治の執行を幕府に任せる「大政委任」という国家の仕組みを朝廷自らが否定するという、きわめて意義深い事件であった。この勅諚で朝廷は幕府が勅許なく通商条約に調印したことを強く非難した。そして、御三家および諸藩には幕府に協力して公武合体（公〈朝廷〉と武〈幕府〉の提携による政局安定化策）の実を挙げること、さらに幕府には攘夷推進の幕政改革を成し遂げることを命令した。伝達方法だけでなく、その内容も幕府の面目は丸つぶれであった。

この密勅は水戸藩による朝廷工作によって下賜されており、井伊は将軍継嗣問題で対立していた前水戸藩主・徳川斉昭が黒幕であると睨んで、罰するために徹底的な捜査を命令した。ここに「安政の大獄」が勃発した。結局、斉昭の関与は証明できなかったものの、捜査範囲は広がり続け、未曽有の大弾圧事件に発展して処罰者は一〇〇人を超えた。そんな中で、安政七年（三月一八日万延《まんえん》に改元）三月三日、桜田門外の変で井伊大老は横死し、幕府権威の失墜は目を覆うばかりになった。

龍馬二度目の江戸行き

安政の大獄が起こった際、土佐藩では、一橋派として井伊と対立していた藩主・山内容《やまうちよう》堂《どう》が参政・吉田東洋《とうよう》の助言により、井伊に対して先手を打って隠居したが、結局、容堂は謹慎となり、江戸在住を強要された。しかし、井伊が斃《たお》れたことにより、万延元年（一八六〇）九月に謹慎が解除された。容堂の動向は、龍馬の生涯にも関わってくるので、折々に触れてゆく。

さて、話を龍馬に戻そう。龍馬が土佐へと帰藩した翌年の安政二年（一八五五）一二月、父・八平が五九歳で亡くなった。龍馬は二二歳になっていたが、数日間、泣き続け食事もしなかったとのエピソードが残る。肉親に対する情の深さを感じさせるが、可愛がってくれた父の死を受け止められず、感情が爆発してしまったのかもしれない。翌三年二月、親子ほど年が離れた兄・権平が四三歳で跡式《あとしき》（家督、財産）を相続し、龍馬の父親代わりとなる。

安政三年七月二九日、龍馬は武芸修行のため国暇《くにいとま》を申請し、八月四日に許可を得て、一九日に江戸へ旅立った。剣術修行のための二度目の江戸行きであった。龍馬は九月下旬に江戸に到着し、土佐藩築地中屋敷内に草鞋《わらじ》を脱ぎ、後に土佐勤王党の結成主要メンバーとなる武市半平太《たけちはんぺいた》、大石弥太郎《やたろう》と三人で同宿をはじめた。

龍馬らは国許ですでにお互いを知っており、龍馬の江戸行きは武市に刺激された可能性もある。当時、武市は江戸三大道場のひとつ桃井春蔵《もものいしゅんぞう》の道場に通っていた。後に「人斬り以蔵《いぞう》」として恐れられる岡田以蔵も一緒であった。つまり、龍馬はこの時に以蔵とも親しくなっていた可能性がある。なお、武市はほどなく道場の寄宿生となり、龍馬との同宿は短期間であったらしい。

桂小五郎との上覧試合

龍馬は北辰一刀流《ほくしんいっとうりゅう》・千葉定吉《さだきち》道場（桶町《おけちょう》千葉道場）へ通いはじめ、剣術の稽古に打ち込んだ結果、安政四年（一八五七）中に塾頭になったらしい。ところで、後に龍馬の盟友となる桂小五郎《かつらこごろう》（木戸孝允《きどたかよし》）は、この時期、対外試合を盛んにしていた神道無念流の斎藤道場（練兵館《れんぺいかん》）で腕を磨いていた。この両者が土佐藩主・山内容堂の上覧試合で対戦し、龍馬が勝ったとする複数の史料の存在が確認されている。

しかし、開催日に龍馬が江戸に不在であったり、桂の名前が当時は使用していない「木戸準一」であるなど、いずれも「偽書」とされてきた。ところが、二〇一七年一〇月の新聞各紙で、両者が安政四年三月一日、鍛冶橋《かじばし》の土佐藩上屋敷で催された剣術大会で対戦し、二対三で龍馬が敗れたと記録する史料が、前橋市の群馬県立文書館に保管されていると報道された。

報道によると、史料は各剣士の出身や流派も正確に記されており、一部は別の史料に残る後日の足取りとも矛盾がないとのことで、俄然信ぴょう性が高くなったと言えよう。龍馬が勝ったとされたのは、「龍馬伝説」の一環としての創作であった可能性が高いが、この時点で龍馬と桂が交流していたことは、龍馬のその後のネットワークを考える上で注目に値する。

江戸の婚約者、千葉佐那

ここでもう一つ、龍馬のこの時期のエピソードに触れておきたい。安政五年（一八五八）一月、龍馬は「北辰一刀流長刀《なぎなた》兵法目録」を授与されたが、それに千葉佐那《さな》の署名が確認できる。佐那は定吉の二女で北辰一刀流小太刀《こだち》の免許皆伝であり、長刀師範も務め、龍馬より三歳年下であった。佐那は龍馬と安政五年頃に婚約したともいわれており、いずれにしろ恋仲であったことは間違いない。

なお、「一途な佐那は龍馬を待ち続け、死の知らせを受けた後でも龍馬を慕い続け、一生を独身で過ごした」というのが定説であった。しかし、二〇一〇年、「元鳥取藩士の山口菊次郎と明治七年（一八七四）に結婚した」とする明治時代の新聞記事が発見されたという報道があった。千葉家と鳥取藩池田家とは交流があるため、信ぴょう性は高いと踏んでいるが、驚きの事実である。なお、佐那は数年で離縁し、その後は独身で過ごしたとされるが、結局、龍馬を忘れることができなかったのだろうか。

安政三年、佐那が一九歳の時、宇和島藩伊達家の姫の剣術師範として請われ、佐那は伊達屋敷に通うことになった。その際、後に九代藩主となる伊達宗徳《むねえ》（二七歳）との試合で勝利した。宗徳の養父で当時の藩主・伊達宗城は、「左那ハ、容色モ、両御殿中、第一ニテ」（『稿本藍山公記《こうほんらんざんこうき》』）と、女たらしの宗城をして、〝佐那は二ヶ所ある伊達家の江戸屋敷に出入りする女性の中で、その美貌は随一である〟と評している。佐那は「千葉の鬼小町」「小千葉小町」と称されるほどの美人であった。その佐那を射止めた土佐の田舎者の龍馬、二人の間にどのようなやり取りがあったのか、興味は尽きない。

第三章　土佐勤王党と志士龍馬の誕生
——武市半平太と間崎哲馬

龍馬の政治的な目覚めと水戸藩士

安政《あんせい》五年（一八五八）九月二四日、江戸に佐那を残して龍馬は土佐へ戻った。龍馬がいつ江戸を発ったのか不明であるが、日米修好通商条約の締結時（六月一九日）は江戸で、その顛末《てんまつ》を見ていたであろう。龍馬がどのように感じていたのかは、史料にないので知る由もないが、この後の水戸藩士との接触を見ると、この段階で政治的な活動に目覚めていた可能性は高いと考える。

帰藩後の龍馬であるが、ひじょうに興味深い事件が起こっている。水戸藩士・住谷寅之介《すみやとらのすけ》、大胡聿蔵《だいごいつぞう》らは、安政の大獄の渦中に、大老・井伊直弼《なおすけ》に対抗するために諸国を行脚し、水戸藩に下された「戊午《ぼご》の密勅」の実現への協力、および徳川斉昭《なりあき》の処罰解除を求める遊説を行っていた。一一月一八日、土佐立川関《たじかわ》に到着した。しかし、住谷らは反幕府的な行動を行うにあたり、変名を用いていたため土佐へ入国できなかった。そこで、龍馬と奥宮《おくみや》猪惣次《いそじ》に書簡を認《したた》め、土佐藩入国の協力を要請した。

龍馬は何らかの事情ですぐには動けず、まずは龍馬の同志である川久保《かわくぼ》為助《ためすけ》・甲藤《かっとう》馬太郎《うまたろう》の両名が二二日に住谷らのもとに出向いた。翌二三日、龍馬は立川関に出向き住谷らと面談し、藩内の事情を説明するとともに、藩の重役である吉田東洋《とうよう》と小南《こみなみ》五郎右衛門《ごろうえもん》の名前を挙げて協力を約束した。しかし、その後城下に戻った龍馬から住谷への連絡はなかった。

龍馬の立場では、住谷らの入国のために周旋などできるはずもなく、その場しのぎで放った言葉であったかもしれないが、だとするとやや不誠実の感は否めない。ちなみに、住谷らから書簡を受け取ったもう一人の奥宮猪惣次から、入国は無理との連絡はなされており、龍馬はそれをもって自身からの回答と捉えていたかもしれない。いずれにしろ、入国が不可能と知った住谷らは失意のまま宇和島へ向かった。

住谷寅之介による龍馬評

ところで、住谷は『住谷信順《のぶより》道中日記坤《こん》』（一一月二三日条）の中で、龍馬の印象を「頗《すこぶ》る愛すべき人物也《なり》」「誠実可也《かなり》の人物」と、ひじょうに高く評価している。一方で、「併《しかしながら》撃剣家。事情迂闊《うかつ》、何も不知《しらず》トゾ」と、政治家としての龍馬への評価は低く、単なる剣術使いと揶揄《やゆ》され、志士として認めてはいない。

さらに、「外《ほか》両人（川久保・甲藤）ハ国家の事一切不知。龍馬迚《とて》も役人名前更ニ不知、空敷《むなしく》日ヲ費シ遺憾《いかん》々々《いかん》」とある。〝川久保と甲藤は国家のことは何も知らず、龍馬にしても役人の名前も知らず、虚しく日数を費やしてしまい遺憾である〟とまで言い切っている。これをもって、この時点での龍馬の政治家としての資質の低さを指摘する向きもあるが、少々龍馬には酷な評価ではないか。

住谷が言う役人とは誰を指すのかは分からないが、数日前まで大坂にいた住谷らと土佐に戻って久しい龍馬では、持ち合わせる情報に著しい差があって当たり前であろう。住谷は土佐に入国できなかった腹いせもあって、ことさら龍馬を馬鹿にしたのではないだろうか。筆者は、そもそも、水戸藩士が龍馬を名指しした事実は軽視すべきでないと考える。

龍馬が住谷らと、どのようにして知り合ったのかは、史料的には分からない。龍馬が水戸藩に出向いたか、剣術修行時に藩士と知己になったか、いずれにしろ、将来を嘱望されていた可能性は大きいのではないか。住谷らが武市半平太《たけちはんぺいた》を指名しなかった理由は分からないが、まだ両者が出会っていない可能性もあり、もしかしたら、龍馬は武市よりも志士としてやや先行していたのかもしれない。

武市半平太と土佐勤王党

その後の龍馬について、具体的な動向は掴みにくいのだが、安政六年（一八五九）九月二〇日、高島流砲術家の徳弘孝蔵《とくひろこうぞう》に入門している。当時、砲術を修業することがブームになっており、龍馬の先見性を必ずしもそこに見出すことはできない。またこの時期、龍馬は、日根野《ひねの》道場での剣術修行も並行して行っていた。おそらく、武市らと今後の政治活動に向けて議論を戦わせ、雌伏して時の至るのを待っていたのであろう。

文久元年《ぶんきゅう》（一八六二）八月、江戸において武市半平太を中心に土佐勤王党が結成された。武市は文政《ぶんせい》一二年（一八二九）生まれ、白札《しろふだ》（藩に対し功績を挙げ、上士待遇となった郷士）身分で、龍馬より六歳年上であった。安政三年（一八五六）、武市は江戸に出て桃井春蔵《もものいしゅんぞう》の道場に入門し、翌年には塾頭となり、帰藩後は自分の道場の経営に尽力していたが、文久元年に文武修業のためとして、再び江戸に出ていた。

武市は土佐藩の仲間である大石弥太郎《やたろう》から尊王攘夷論が勃興《ぼっこう》し、反幕的な雰囲気が世情を覆いはじめた情勢を聞かされた。また、大石の紹介により水戸藩士・住谷寅之介、岩間金平《きんぺい》、薩摩藩士・樺山三円《かばやまさんえん》、長州藩士・桂小五郎《こごろう》、久坂玄瑞《くさかげんずい》らの即時攘夷派志士と交流し時勢を論じるようになった。武市は即時攘夷論に深く傾倒し、また、土佐藩の中にも時流に乗り遅れまいとする思いもあり、大石、島村衛吉《しまむらえきち》、池内蔵太《いけくらた》、河野敏鎌《こうのとがま》ら同志に諮って、藩内の尊王志士の組織化を決意した。そして、武市は土佐勤王党を立ち上げ、その盟主となった。

龍馬、土佐勤王党に加わる

大石の起草による盟約書は、〃一度錦《にしき》の御旗《みはた》が挙がったならば、団結して万難を排する決意であることを神明に誓い、上は天皇の叡慮《えいりょ》を安んじ奉り、我が老公（謹慎中の山内容堂《ようどう》）の意志を継ぎ、下は万民の苦しみを取り除くことを取り決めた〃と宣言している。土佐勤王党はあくまでも、容堂の意志を継ぐことを念頭に、朝廷のために命を惜しまず攘夷と国事にまい進する覚悟を示した。

武市に賛同した土佐藩士一九八名（後に脱藩等で吉村虎太郎《とらたろう》など七名が名簿から削除）が土佐

勤王党に血盟した。龍馬の加盟は武市が土佐へ戻った後の九月頃と推察されるが、血盟は九番目であった。しかし、在藩の藩士としてはトップであり、龍馬が軽んじられたわけではない。ちなみに、土佐勤王党の構成員で身分が判明している一七五人中の内訳は、上士三人、白札一五人、下士一一四人（郷士層五〇人、その他六四人）、庄屋一九人、その他（陪臣、僧侶、医師、百姓など）二四人であった。

武市半平太の栄枯盛衰

　桜田門外の変以降、全国的に尊王攘夷運動が盛んになっていたが、土佐勤王党はその時流に乗った。藩内で勢力を急速に拡大し、前藩主・容堂の股肱《ここう》の臣《しん》である参政・吉田東洋との対立を深めていく。容堂・東洋にとってみると、反幕的な過激思想の藩士は排除すべき対象であった。しかし、武市に先手を取られた。文久二年（一八六二）四月、武市の命を受けた那須信吾《なすしんご》、安岡嘉助《やすおかかすけ》、大石団蔵《だんぞう》(6)は、吉田東洋を暗殺し、その一派を退けて藩論を一変させたのだ。

　その余勢を駆って、同年八月、武市は勤王の実を挙げるため、藩主・山内豊範《とよのり》を擁して入京を果たし、他藩応接役として諸藩の有志と交わりはじめた。中でも、長州藩の久坂玄瑞と肝胆相照らす仲となり、ともに即時攘夷運動の旗手として、活躍を繰り広げた。そして、幕府に攘夷実行を迫るため、攘夷別勅使（攘夷を督促するための勅使）の江戸派遣を画策した。

武市と久坂は薩摩藩も巻き込み、攘夷別勅使の実現にまい進した。その結果、正使・三条実美《さんじょうさねとみ》、副使・姉小路公知《あねがこうじきんとも》が任命された。武市の功績は絶大であった。勅使の江戸下向にあたって、武市は姉小路の身の回りの世話をする雑掌《ざつしょう》として、柳川左門と名を偽って一〇月一二日に京都を出発した。この頃が、武市および土佐勤王党がもっとも華やかに活躍した時代であり、武市は年末に上士格である留守居組に列せられ、文久三年一月には京都留守居役となった。異例の抜擢である。

しかし、その栄華は長くは続かなかった。四月に藩命により帰国させられ、中央政局からの離脱を余儀なくされた。この頃より、腹心であった吉田東洋の暗殺に遺恨を残していた容堂による勤王党弾圧がはじまり、京都での八月十八日政変（68頁参照）によって即時

（6）大石団蔵（一八三一〜九六）郷士で、吉田東洋を暗殺後、長州へ逃亡、久坂玄瑞の保護を受ける。のち、薩摩藩に保護され島津家に仕え高見弥一と改名し、英国に留学した。

攘夷派の勢威が後退したため、そこを契機に勤王党の弾圧が強化された。武市は久坂らからの脱藩の勧めにも動かず、藩レベルでの周旋を夢想し続けた。しかし、九月に投獄され、在獄一年半余の後に切腹を命ぜられた。享年三七という太く短い生涯であった。

間崎哲馬の人的ネットワーク

ここで、筆者が武市半平太と並んで、土佐勤王党の双璧と捉える間崎哲馬《まさきてつま》について、その生涯を簡単に紹介しておこう。なお、龍馬との関わりは第五章で触れる。

間崎は天保《てんぽう》五年（一八三四）生まれ、龍馬より一つ年上である。家は代々、幡多《はた》郡間崎の庄屋で、同郡江之村《えのむら》の大庄屋となり、その後、郷士となった。父・総之亮は高知城下の種崎町で医者を開業しており、間崎も城下で勉学に励んだ。幼少より神童の誉が高く、吉田東洋に師事して才覚を現した。嘉永二年（一八四九）、間崎は一六歳で江戸に遊学すると、儒学者の安積艮斎《あさかごんさい》(7)に学び、抜群の学才から塾頭に抜擢された。嘉永五年に帰藩して高知城の北、江ノ口村に居住して塾をはじめ、門下に中岡慎太郎《なかおかしんたろう》、吉村虎太郎といった多くの俊秀を輩出した。その後、徒士《かち》となり郡の官吏や文武下役等を歴任した。

文久元年（一八六二）、間崎は再び江戸に上り、安積の塾にも再び通い始め、同門の幕臣・山岡鉄太郎(8)と親交を結んだ。この頃、武市半平太と意気投合して土佐勤王党に参加し、武市や平井収二郎《しゅうじろう》とともに勤王党を牽引していった。なお、間崎の交友関係は、幕臣から水戸藩、薩摩、長州両藩など、広範に及び、その中心に間崎がいた。例えば、間崎の下宿に、勝海舟《かいしゅう》、清河《きよかわ》(川)八郎《はちろう》(9)、住谷寅之介、桂小五郎、久坂玄瑞、高杉晋作《たかすぎしんさく》、周布政之助《すふまさのすけ》、樺山三円、高崎正風《たかさきまさかぜ》(10)、岩下方平《いわしたみちひら》(113頁参照)などがわざわざ訪れている。

間崎はこうしたネットワークを構築しながら、尊王攘夷運動の発信地としての役割を果

(7) 安積艮斎(一七九一～一八六一)神田駿河台に私塾を開き、二本松藩校教授のち幕府昌平黌《しょうへいこう》教授となる。門弟に吉田松陰はじめ岩崎弥太郎、高杉晋作など有名人多数

(8) 山岡鉄太郎(一八三六～八八)講武所《こうぶしょ》剣術世話役となり、文久三年、浪士組取締役として上京。戊辰戦争では新政府軍と折衝し、徳川家の存続に尽力した。鉄舟は号

(9) 清河八郎(一八三〇～六三)新選組の前身である浪士組の中心人物。外国人襲撃を企てたことから後に見廻組を率いる佐々木只三郎らに暗殺された

(10) 高崎正風(一八三六～一九一二)八月十八日政変を画策。戊辰戦争では、征夷大将軍府下参謀に任じられるも二日で罷免される。歌人でもある

たした。一方で、間崎は頑なな攘夷主義者ではなく、開明思想も培っており、とくに海軍振興策を説き、軍艦購入を藩に進言していた。こうした開明性こそ、間崎の真骨頂であり、周囲に優秀な人物が集まった理由であろう。

間崎は江戸と京都の間を奔走し、文久二年一二月、在京の勤王党幹部の平井収二郎、弘《ひろ》瀬《せ》健《けん》太《た》と尊王運動に沿った藩政改革を計画し、その実現に前のめりとなった。藩主の祖父・山内豊資《とよすけ》に宛てた中川宮《なかがわのみや》の書簡を持参して、その威光をもって改革に着手しようとした。しかし、藩内のヒエラルキーを無視し、勝手に行動したことに激怒した前藩主・容堂の逆鱗に触れ、土佐に護送されて切腹の沙汰を受けた。享年三〇歳、あまりにも惜しい人材であった。

龍馬は武市・間崎という土佐勤王党の双璧から、多くを学び、その屍《しかばね》を乗り越えて、志士としてさらに進化を遂げていく。土佐勤王党を飛びだし、独自の歩みをはじめる龍馬を次章から見ていこう。

第四章　久坂玄瑞と島津久光の率兵上京
――第一次脱藩への影響

長州藩の航海遠略策

龍馬の動向を理解するために、文久《ぶんきゅう》元年から二年（一八六一～六二）にかけての政治動向を概観しておこう。朝廷から水戸藩に下された「戊午《ぼご》の密勅」（36頁）に応える形で、長州藩と薩摩藩が「中央政局」に登場し、これ以降の幕末史の中心に座ることになる。まずは、長州藩について見ていこう。

文久元年三月、長州藩は直目付《じきめつけ》・長井雅楽《ながいうた》が起草した「航海遠略策」を藩是（藩の方針）と定めた。

航海遠略策とは、朝廷は幕府に大政委任をしているとして、通商条約の勅許を暗に要求し、鎖国の叡慮《えいりよ》（天皇の意向）を曲げて海軍を建設し、日本から外国に押し渡って航海交易をする優位性を説いた対外政略論である。そして、その実行を朝廷が幕府に命じれば、異論を唱えることはあり得ず、即座に「公武御一和」（朝廷と幕府の融合）と「海内一和」（諸侯を含む日本全体の融和）が実現され、皇国（日本）は五大州（全世界）を圧倒するとして、長州藩は朝廷に航海遠略策の採用を主張した。

長井は朝廷から通商条約の勅許を引きだし、公武合体による挙国一致を成し遂げ、外国に対峙《たいじ》することを画策した。文久元年五月、長井は上京して朝廷へ航海遠略策の採用を働きかけ、孝明《こうめい》天皇が閲覧した上で（勅許には至らないが）受理された。しかし、航海遠略策には問題点もあった。通商条約（自由貿易）を朝貢貿易に見せかけるトリックを含んでおり、そして決定的な難点は、勅許を得ていない現行の通商条約をなし崩し的に追認することにあった。

航海遠略策は幕府からも歓迎され、長井の周旋は成功するかに見えた。しかし、そのトリックが同じ長州藩の久坂玄瑞《くさかげんずい》によって暴露され、文久二年五月、孝明天皇は航海遠略策を取り下げてしまった。その背景には、久坂玄瑞をリーダーとする松下村塾グループ（久坂、高杉晋作《しんさく》、吉田稔麿《としまろ》、入江九一《いりえくいち》、山県有朋《やまがたありとも》、前原一誠《まえばらいっせい》、伊藤博文《ひろぶみ》、品川弥二郎《やじろう》、山田顕義《あきよし》など）に周布政之助《すふまさのすけ》、桂小五郎《こごろう》が加わって、長井排斥派が形成された事実があった。彼らの働きかけから、七月に入京した藩主・毛利敬親《もうりたかちか》は、世子定広《さだひろ》とともに藩の要職と御前会議を開き、孝明天皇の叡慮を最優先し、藩是を航海遠略策から破約攘夷へと転換したのだった。

島津久光の率兵上京

一方の薩摩藩であるが、文久二年（一八六二）四月、藩主の実父で藩政をけん引する国父・島津久光《ひさみつ》は亡兄・斉彬《なりあきら》の遺志を継ぎ、率兵上京《そっぺいじょうきょう》（武装した兵を連れて京へ上ること）による国事周旋（国政に介入すること）に乗りだした。久光の率兵上京によって、政治の中心が江戸から京都の「中央政局」に移行し、幕府の権威は失墜した。そして、率兵上京は、朝廷内に朝議（朝廷における最高意思決定の会議）への参画を目指す中・下級公家からなる改革派廷臣を派生させた。加えて、西国雄藩を中心とする諸侯の上京や尊王志士の過激な行動

図3　島津久光　　国立国会図書館蔵

を顕在化させることとなった。

ここで、「中央政局」という用語を説明しておこう。文久期は、政治の中心が江戸から京都に移行した時期であった。それ以降、明治維新を迎えるまで、朝廷において、とくに意思決定機関である朝議を、より自分たちの勢力に有利に仕向けようとする政争が繰り広げられた。朝議と、それを取り巻く諸勢力の政争が、日本の方向性を左右するようになったため、その舞台となった京都を中心とする政局を「中央政局」と呼ぶ。

ところで、久光は幕府の政治を老中制から雄藩連合制へ移行させ、更には自身がリーダー不在の幕府中枢に参画し、国政をけん引しようとしていた。具体的には、幕政参画への足掛かりとして一橋慶喜《よしのぶ》および松平春嶽《しゅんがく》の登用を画策し、朝廷からの使者である勅使の派遣を実現した。久光は勅使とともに江戸に乗り込み、慶喜を将軍後見職に春嶽を政事総裁職に登用させたものの、外様諸侯が国政に参画することを激しく忌避する幕閣の対応はひどく冷淡であり、自身の幕政への参画は果たせなかった。

生麦事件

文久二年（一八六二）八月二一日、幕府の対応に対して憮然たる思いを抱えた四〇〇人ほどの武装集団である久光一行は、京へ向けて東海道を進行中に英国人殺傷事件を起こした。アメリカ公使の通訳であるヒュースケンの殺害や高輪東禅寺に置かれたイギリス公使館を襲った東禅寺事件など、それまでに起こった個人的な行為による攘夷殺傷事件とは違って、大名行列の供回《ともまわ》りの多数が一斉に抜刀した大事件、生麦事件の勃発《ぼっぱつ》である。久光が直接斬殺を命じた記録は一切なく、藩士のとっさの判断で起こった偶発的な事件ではあったが、幕末史に大きな影響を与えることになる。

英国のラッセル外相は、幕府に対しては事件の発生を許したことに対する公式の謝罪、犯罪に対する罰として一〇万ポンド（四〇万ドル、当時一ポンドは約二両、現在の二万円程度。総額で約四〇億円）の支払いを、薩摩藩に対しては、一名ないし数名の英国海軍士官の立会いの下に、リチャードソンを殺害しその他の者に危害を加えた犯人を裁判に付し処刑すること、被害に遭った四名の英国人の関係者に分配するため、二万五〇〇〇ポンド（一〇万ドル）を支払うことを要求した。ラッセル外相が「日本の異常な政治状況」を考慮せざるを得ないとして、幕府と薩摩藩の双方に賠償金等を要求したことは、幕府の全国統治能力を否定するもので、さらなる権威の低下をもたらした。

幕府の江戸に戻れとの命令を無視してそのまま上京した久光に対し、京都市民は薩摩藩の攘夷を讃えて熱烈に歓迎した。しかも、孝明天皇からは称讃の言葉をかけられ、無位無官にもかかわらず、久光は参内まで許された。薩摩藩は名実ともに攘夷の雄と化し、そのように祭り上げられたが、実際には攘夷実行には慎重な態度を取り続けていた。

久光は、英国艦隊の鹿児島への報復攻撃を恐れ、鹿児島を留守にして京都に滞在することは叶わず、京都守護職への就任も辞退せざるを得なかった。そのため、中央政局では長州藩や三条実美《さねとみ》ら過激派廷臣による即時攘夷運動が激化し、八月十八日政変への導火線となった。また、率兵上京や勅使供奉によって、幕閣から薩摩藩および久光への疑心や敵視がはじまっていたが、生麦事件はそれに拍車をかけた。幕閣は生麦事件を鹿児島に英国要人を呼び寄せるための策略であると明言し、久光を将軍の地位を狙う敵の一人と断定したことから、幕府と薩摩藩の関係は急速に冷え込んだ。

尊王浪士弾圧、寺田屋事件

ところで、久光は江戸へ向かう直前の文久二年（一八六二）四月二三日に、尊王浪士を弾圧する寺田屋事件を起こしている。率兵上京を義挙（王政復古の実現のため、幕府打倒の挙兵）と勘違いした、薩摩藩をはじめとする西国の尊王志士が京都に参集していた。しかし、朝廷からこれら過激な浪士の鎮撫《ちんぶ》を期待された久光は、鎮撫使を派遣して彼らを弾圧し、関白・九条尚忠《くじょうひさただ》や京都所司代・酒井忠義《さかいただあき》（小浜藩主）への襲撃を阻止していた。その結果、孝明天皇は久光へ絶大な信頼を寄せ、中央政局におけるその存在感は、すべての勢力にとって一躍無視できないものとなった。

なお、長州藩は義挙計画の最終段階では、薩摩藩士を含む義挙派に資金を援助するなど、むしろイニシアティブを取っていた。そのため、この寺田屋事件は両藩の齟齬《そご》の直接的な起因となった。そして、長州藩の志士にはダメージがなかったことで、その後の即時攘夷運動の中心を長州藩が占めることとなったのだ。

龍馬、武市の使いとして長州へ

さて、話を龍馬に戻そう。文久元年（一八六一）一〇月一一日、龍馬は「剣術詮議《せんぎ》」（剣術修行、武者修行）の名目で讃岐《さぬき》（香川県）丸亀《まるがめ》に向かう許可を得て高知を出発したが、翌二年一月一四日、長州の萩に現れた。その目的は、武市半平太《たけちはんぺいた》の書簡を久坂玄瑞に届けることにあった。前述の通り、武市は江戸で久坂と交友を深めており、尊王攘夷の実行に向けて協同することを誓い合っていた。

なお、龍馬が長州藩に入れた理由として、長州藩士の長嶺《ながみね》内蔵太《くらた》、山県半蔵《やまがたはんぞう》（宍戸璣《ししどたまき》）の存在があった。龍馬が高知を出発するのと同日の文久元年一〇月一一日、長嶺らは久坂の意を受けて土佐藩に潜入するため、土佐と伊予の国境にある立川関で武市にその旨を伝えた。長嶺らが潜入できたのか、また事前に武市らと相談していたのかは分からないが、武市の内意を受けた龍馬は津田三治、三宮新右衛門とともに長嶺らに会いに行き、龍馬は、そのまま剣術修業という名目で土佐を出た。そして長嶺らに先導され長州入りを果たしたのだ。

長州藩・久坂玄瑞

ここで、久坂玄瑞について触れておく。天保《てんぽう》一一年（一八四〇）、藩医・久坂良迪《りょうてき》の次男として生まれ龍馬より五歳年下、妻は吉田松陰《しょういん》の妹の文《ふみ》である。なお、文は後に登場する龍馬との関わりも深い楫取素彦《かとりもとひこ》[11]と再婚している。安政《あんせい》元年（一八五四）、玄瑞は大坂の適塾で塾頭を務め、将来を嘱望されていた兄・玄機《げんき》と父を相次いで失い、一五歳で家督を相続した。高杉晋作とともに松下村塾で頭角を現し、兄同様に俊才を謳《うた》われた。その後、藩校・明倫館、好学堂（医学教授機関）や博習堂（洋学教授機関）で研鑽を積み、医学、洋学を研究した。

安政三年、一七歳で九州に遊学、同五年には京都から江戸に至り、長州藩上屋敷の桜田藩邸で洋書などの輪読会を開催した。一方で、大老・井伊直弼《なおすけ》が日米修好通商条約の無断調印を強行し、また、安政の大獄で恩師である吉田松陰を失ったことから、幕府の態度に悲憤慷慨《こうがい》し、政治活動に没頭しはじめた。朝廷の権威を回復することこそ自分の使命として、薩摩、土佐、水戸などの諸藩の志士と交わり、その中心的な存在として即時攘夷にまい進した。

龍馬の脱藩は久坂の影響か

文久二年（一八六二）一月一四日、龍馬は武市半平太の書簡を携えて、その久坂を訪ねた。この時、龍馬は薩摩藩士・田上藤七《たがみとうしち》(12)と同席している。二一日には久坂をはじめ、寺島《てらじま》

（11）楫取素彦（一八二九〜一九一二）旧姓小田村。吉田松陰と関わりが深く、先妻・後妻ともに松陰の妹。藩校明倫館の助教を務め、松陰亡き後は松下村塾でも教えるが、藩主の側近に抜擢され、藩政に加わり国事に奔走。第二次長州征伐では広島に赴き幕府側との交渉にあたった

（12）田上藤七（生没年不明）田中藤八のこと。国学者・神道家。維新後、神祇省《しんぎしょう》に出仕

忠三郎《ちゅうざぶろう》、前原一誠、中谷正亮《なかたにしょうすけ》、松浦松洞《まつうらしょうどう》、岡部富太郎《おかべとみたろう》ら長州藩の面々と会して時勢を論じた。龍馬は、松下村塾グループを中心とした錚々《そうそう》たるメンバーと昵懇《じっこん》となったのだ。

久坂は武市への答書を龍馬に託したが、その中で「此度坂本君御出遊被為在《おいであそばしまかりあり》、無腹蔵御《ふくぞうなくご》談合《だんごう》仕《つかまつり》候事、（中略）竟《つい》ニ諸侯不足恃《たのむにたりず》、公卿不足恃、草莽志士《そうもうしし》糾合《きゅうごう》、（中略）乍失敬《しつけいながら》尊藩も弊藩も滅亡しても、大義なれば苦しからず」（『久坂玄瑞全集』）と「草莽崛起《くっき》論」[13]を展開した。つまり、久坂は諸侯も公家も頼むに足らず、草莽の志士が糾合さえすれば天下を動かせるとし、さらに国家のためになるのであれば、薩摩藩も長州藩も滅亡しても良いと極論している。また、薩摩藩の動向も伝え、薩摩・長州・土佐（以後、薩長土と略す）三藩が会盟して朝廷のために尽力することを提案した。

これは久坂が島津久光の率兵上京の目的を義挙であると思い込んでいたためだが、長州藩が薩摩藩を頼り、その先に三藩の連合構想を抱いていたことは重要である。なお、この率兵上京の動向を伝え聞いた龍馬は、義挙に加わりたいとの思いが募った可能性が高く、この直後に龍馬が脱藩したのはそのためであると考える。龍馬が萩に滞在したのは一〇日間だが、久坂から吉田松陰の「草莽崛起論」について力説されたことで、武市の「藩」に依拠した尊王攘夷運動への疑問が生まれた。久坂が志士・龍馬の形成に与えた影響は絶大であり、かつ長州藩との大きな接点を獲得したことは、龍馬の薩長融和運動への起点として注目すべきである。

その後、龍馬は京都に向かった。住吉（摂津国武庫郡。現神戸市）の土佐藩陣営を訪ね、さらに入京して久光の率兵上京前の情勢を探るなどし、三月一日、帰藩して武市に視察の実状を説明した。久坂の言説に触れ、上方探索をする過程で、すでに帰藩前には脱藩の決意を強くしていたのではないだろうか。三月二四日、龍馬は沢村惣之丞《そうのじょう》とともに脱藩した。その理由であるが、吉田東洋《とうよう》暗殺（四月八日）による勤王党への嫌疑がかかる情勢を忌避したため、また、武市を助けるための組織的な活動の一環として他藩の情報収集を行うため、といったことが挙げられるが、最大の要因は、薩摩藩の義挙へ加わることを目指したためではないだろうか。

龍馬の第一次脱藩、その事情

龍馬の同志、吉村虎太郎《とらたろう》の動向を追ってみたい。文久二年（一八六二）二月一六日、吉

（13）吉田松陰らが唱えた、日本全国の在野の志士に呼びかけ、尊王攘夷の決行を促す論

村は龍馬と入れ違いに武市から預かった久坂宛の書簡を持って長州・萩に潜入し、久坂と深夜にまで密談に及んだ。さらに、一九日には尊王志士の本間精一郎《ほんませいいちろう》、淵上郁太郎《ふちがみいくたろう》らも加わり、久坂ら長州藩士と時勢を論じた。そして、土佐へ一旦戻った吉村は、三月六日に宮《みや》地宜蔵《じぎぞう》、沢村惣之丞とともに脱藩して長州に至り、一一日に下関で久坂と再会した。

ここで、吉村の動向と龍馬の関わりについて言及すると、吉村と龍馬は、本来同一行動だったはずが、龍馬は準備不足で間に合わなかったのではないかと推測する。下関から沢村が一旦土佐へと帰藩し、島津久光の率兵上京に伴う西国の尊王志士による義挙が間近であることを訴えたため、呼応した龍馬も急ぎ脱藩したものと考える。龍馬の第一次脱藩である。

龍馬の脱藩後の動向については、不明な点が多い。三月二九日に長州藩領の三田尻（山口県防府市）に到着後、九州を行脚して薩摩藩入りを図るも失敗したとされるが確証はない。七月二三日、大坂で土佐藩士・樋口真吉《しんきち》に会い、一両を贈られるまでの確かな史料は存在していないのだ。少なくとも、寺田屋事件の段階で上方にいた形跡はなく、義挙には間に合わなかったのだろう。その後、八月に入って江戸に行き、千葉定吉道場へ寄宿をはじめて千葉佐那と再会し、下旬には間崎哲馬《まさきてつま》、門田為之助《かどたためのすけ》、上田楠次《うえだくすじ》ら勤王党のメンバーと飲食をともにしながら時事を談じている。

なお、四月二六日、江戸留守居役より幕府老中に宛てた届出には「吉村虎太郎、大石団《だん》蔵《ぞう》、弘光銘之助、宮地儀蔵、坂本龍馬、沢村惣之丞、右名面之者共、土佐守《とさのかみ》領分に罷在《まかりあり》候郷士《ごうし》、幷《ならび》庄屋、寺院等之家来に御座《ござ》候処《ところ》、三月上旬より四月上旬迄之中、銘々《めいめい》住所立出《たちいで》罷帰不申候《まかりかえりもうさず》」（「維新史料綱領データベース」）とある。脱藩した藩士を一々幕府に届けるということは、やや奇異に感じるものの、幕府もこの時期、浪士の動向に神経を尖らせていたため、留守居役が幕吏に対して忖度したのだろうか。

九月三〇日、龍馬は上京して久坂玄瑞および土佐藩士・福岡孝弟《たかちか》と会談し、薩長土三藩による御親兵（朝廷の軍隊）の設置を論じたとする（『久坂玄瑞全集』）。さらに、一一月一二日、江戸で武市を訪ね、居合わせた久坂、高杉晋作らと万年屋で酒を飲んでいる。一八日には、蒲田《かまた》梅屋敷事件(14)の善後策を協議するため中橋寒菊亭で催された郷士の会合に出席し

(14) 文久二年（一八六二）一一月一三日、高杉・久坂らの横浜襲撃計画を知らされた長州藩世子・毛利定広は、自らも出向いて高杉らを説得。その後の酒宴で、周布政之助《すふまさのすけ》が容堂を誹謗したことから、土佐藩士が激昂したが、定広の謝罪で決着した

たとされる。

脱藩は重罪だったのか

こうしたことを事実とした場合、龍馬は脱藩後もかなり自由に行動し、土佐藩士にも会っていることになる。そもそも、脱藩とはどの程度の重罪であったのか。脱藩というと吉田松陰が思い出される。松陰は士籍剝奪《はくだつ》、世禄《せいろく》没収という重い処分を受けており、どうもそのイメージが強い。しかし、重罪に問われたのは当主や跡取りに限られ、次男以下は形式的な軽微な罰で済み、簡単に復帰したケースも見られる。

つまり、脱藩といえども、捕吏につねに追われるといったことはなく、特段何もなければ藩からは捨て置かれていたのではないか。例えば、薩摩藩の中井弘《なかいひろむ》（230頁参照）は脱藩後も西郷隆盛《さいごうたかもり》らと交友を続けており、同様に黒田清隆《きよたか》も不問に付されている。土佐藩でも板垣退助《いたがきたいすけ》は脱藩して上京したものの、山内容堂《ようどう》にまで面会し、罪に問われていない。脱藩についてでは、もう少しおおらかに考えられていたのかもしれない。

第五章　松平春嶽、勝海舟、大久保忠寛との邂逅

――第一次脱藩前後の龍馬

幕府と朝廷、政令二途の混乱

龍馬が脱藩した文久《ぶんきゅう》二年から三年（一八六二～六三）にかけて、即時攘夷の嵐が吹き荒れていた。その頃の政治動向を概観しておこう。

文久二年一〇月、朝廷は攘夷別勅使の三条実美《さねとみ》、姉小路公知《あねがこうじきんとも》を江戸に派遣し、幕府に攘夷実行を迫って承服させ（奉勅攘夷）、翌三年三月に将軍・家茂《いえもち》の上洛を実現した。さらに、即時攘夷派の廷臣は朝廷改革を迫り、国事参政・国事寄人《よりうど》(15)の新設や御親兵の設置、公家子

(15) 国事参政・国事寄人は文久二年に設置された国事を討議する「国事御用掛」の補佐として、文久三年に設置された朝廷の役職

弟の教育機関である学習院を中心にした言路洞開《げんろどうかい》（言論の自由の保障）を画策した。

三月四日、将軍として徳川家茂は三代・家光《いえみつ》以来、二三〇年ぶりに上洛し、孝明《こうめい》天皇に拝謁した。そして、幕府への大政委任についてあらためて伺いを立てたところ、天皇自身は容認する姿勢を示したものの、即時攘夷派の関白・鷹司輔熙《たかつかさすけひろ》はそれを認めず、征夷大将軍としての攘夷実行のみ要求した。一方で、それ以外の国事については、諸藩へ直接沙汰するとの勅書を家茂へ授けたため、幕府は奉勅攘夷のみをあらためて朝廷に奏聞する羽目になった。こうして事実上、大政委任は否定され、将軍の役割は国政全般ではなく、攘夷実行に限定されてしまったのだ。

なお、攘夷の期限や策略について、幕府から具体的な奏聞がなかったので、朝廷は幕府を無視して、速やかに攘夷実行を迫る勅命を全国に発することになった。これ以降、朝廷、幕府それぞれから命令が出される政令二途の状態となり、どちらを優先するかで諸藩を悩ませ、中央政局の混乱の主な原因となった。

攘夷実行の期限について、幕府はその明言を先送りし、曖昧《あいまい》にしていたが、四月二〇日に至り、追い詰められた家茂は何ら成算もない中で、その実行を五月一〇日と苦し紛れに朝廷に答えてしまった。策略については、幕府は「襲来打払い令」を発し、外国船が襲ってこない場合は砲撃を禁止し、朝廷は「無《む》二《に》念《ねん》打払い令」を発して、外国船を見かけ次第、直ちに砲撃することを沙汰した。まさに、政令二途である。

即時攘夷の長州

朝廷の命令を絶対視する長州藩は、攘夷実行を開始する。文久三年（一八六三）五月一〇日にアメリカ商船、二三日にフランス艦船、二六日にオランダ艦船を砲撃、いわゆる下関戦争の勃発《ぼつぱつ》である。不意打によって大きな戦果を一時的に得たものの、アメリカおよびフランス軍艦による報復攻撃を六月一日、五日の両日に受け、壬戌丸《じんじゆつまる》など長州藩が保有する軍艦はすべて大破し、海軍は全滅して早くも制海権を失った。ちなみに、正規兵の脆《ぜい》弱《じやく》ぶりや兵力不足も露呈し、七月には高杉晋作《しんさく》によって庶民も参加する奇兵隊が結成されている。

このように長州藩が即時攘夷へとまい進していた最中、文久三年五月二〇日に即時攘夷派のリーダーである国事参政・姉小路公知が暗殺されるという大事件「朔平門外《さくへいもんがい》の変」が起こった。未来攘夷派の薩摩藩・島津久光《ひさみつ》およびその盟友で薩摩藩の庇護者である中川宮《なかがわのみや》に暗殺の嫌疑がかかり、久光は朝敵扱いとなってしまう。朝廷からの再三の呼び出しにもかかわらず、生麦事件の事後対応のため久光は上京することが叶わなかった。さらに七月二日には薩英戦争が勃発した。この戦争は薩英双方に甚大な損害をもたらしたが、薩摩藩は海軍を失い、戦闘の継続は不可能となった。

久光は急ぎ英国との講和談判を行おうとするが、その間にも政情は急展開を見せる。八月には攘夷実行のための孝明天皇の大和親征《やまとしんせい》[16]が計画され、中川宮の西国鎮撫大将軍（長州藩と対立を深めた小倉藩を征伐する目的で設置）への任命が決定した。攘夷の先鋒にさせられる中川宮を救うため、在京の薩摩藩士・高崎正風《まさかぜ》が中心となって画策したクーデターが「八月十八日政変」であった。その結果、長州藩は京都から追放され、三条実美らの「七卿落《しちきょうお》[17]ち」となる。

こうした目まぐるしい政情の中で、龍馬は松平春嶽《しゅんがく》や勝海舟をはじめ多くの貴重な出会いを果たしていく。とくに、文久二（一八六二）年閏《うるう》八月二二日に江戸に出た以降が重要である。

松平春嶽と龍馬

まずは越前（福井）藩の前藩主・松平春嶽と龍馬の関係である。安政の大獄により失脚した春嶽は島津久光の幕府への圧力によって、復権を果たし、文久二年（一八六二）七月、政事総裁職に就き、将軍後見職に就いた一橋慶喜《よしのぶ》とともに、幕政を主導していた。

龍馬はその春嶽と、一二月四日に初めて対面した。越前藩の記録「枢密備忘《すうみつびぼう》」によって、この前後の経緯を追ってみよう。同日の記載に「土州《どしゅう》間崎哲馬《まさきてつま》・山下（坂本）龍馬・［空白］御逢願《おあいねがい》罷出《まかりいで》拝謁《はいえつ》相願《あいねが》ふ、明晩を約ス」とあり、龍馬は間崎哲馬ともう一名、おそらく近藤長次郎《ちょうじろう》と三名で春嶽に拝謁を願ったものの叶わず、しかし、翌晩の約束を取り付けた。

翌五日、「御帰殿之上、昨日相願土州間崎哲馬・坂下龍馬・近藤長次郎へ御逢有之《これあり》、大坂近海防禦《ぼうぎょ》之策を申立候事ニ而《て》、至極尤成筋《もっともなるすじ》ニ御聞受被遊《おききうけあそばされ》」と記載があり、春嶽は屋敷へ戻ってきた後に待機していた龍馬ら三名と対面した。そこで話されたのは、摂海（大坂

（16）孝明天皇が大和の神武天皇陵に参拝し、攘夷親征を実行に移すという計画で、長州藩を中心とした急進的な即時攘夷派によって画策されたが、八月十八日政変で中止。大和行幸ともいう
（17）八月十八日政変の結果、即時攘夷派公卿七名（三条実美、三条西季知《にしすえとも》、四条隆謌《たかうた》、東久世通禧《ひがしくぜみちとみ》、壬生基修《みぶもとなが》、錦小路頼徳《にしきのこうじよりのり》、澤宣嘉《さわのぶよし》）が、長州に逃れた

湾）防備の策であり、春嶽は至極もっともな献策であると賛同している。それにしても、春嶽は幕政のトップの政事総裁職であり、その春嶽が脱藩浪士の龍馬の謁見を許したのはなぜだろうか。

龍馬が春嶽に面会できた理由ははっきりしないが、まずは同行者である間崎哲馬の存在を考える必要があるだろう。間崎は前述の通り（48頁）、土佐の一藩士でありながら声望の高い名士であり、その交友関係は幕臣から水戸や薩摩、長州藩など広範に及んだが、その中に越前藩士も含まれていた。おそらく、その縁で春嶽は間崎の名前を聞き及んでいたのであろう。また、間崎は勝海舟《かいしゅう》とも面識があり、春嶽が親しい勝経由でその存在を知っていた可能性も高そうだ。間崎は開明思想を持ち、とくに海軍振興策については群を抜いており、春嶽に摂海防御策を述べたのも間崎であろう。龍馬は、間崎の付き添い程度だったのではないか。

さらに同月九日、「坂下龍馬・近藤昶（長）次郎罷出、建白書一封指上之《これをさしあげる》、但、摂海之図、十一日指上」と、龍馬は近藤とともに春嶽を再訪した。そして、龍馬と近藤は摂海防御の建白書を差し上げ、図面については一一日に持参するとしている。一一日に近藤が届けたようだが、春嶽は取り込み中で会っていない。なお、近藤について、一五日条に「近藤昶次郎儀、先日来陰忠不少《ちゆうすくなからず》、貧生之儀故《ひんせいのぎゆえ》、何となく金十両被下《くだされ》候、勝麟迄相渡《かつりんまであいわたす》由」とあり、近藤の生活費として越前藩の春嶽から勝海舟を経由して一〇両も下賜されている。春嶽と土佐藩関係者との密接ぶりは、きわめて注目すべき事柄である。

なお、春嶽は龍馬や近藤ばかりと会っていたわけではない。文久二年一二月前半だけでも、一日に高杉晋作から破約攘夷論[18]について聞き、そして六日に、武市半平太とは時間がなく御目見《おめみえ》のみ、桂小五郎《こごろう》からは対馬《つしま》藩や横井小楠《よこいしょうなん》のことを詳しく聞いている。幕政トップの春嶽は、身分の分け隔てなく藩士レベルとも気さくに会っており、これは広範な情報・意見に通じるためであったと考える。

勝海舟と龍馬はいつ出会ったのか

次は、龍馬と勝海舟の出会いであるが、肝心の龍馬がどのタイミングで勝の門人になったのか、実はそもそも、それ自体が分かっていない。松平春嶽の明治期の書簡（土方久元〈楠左衛門〉宛、明治一九年〈一八八六〉一二月一一日）には、〝龍馬が春嶽の紹介状を勝のもと

(18) 安政五年（一八五八）以降に諸外国と結んだ条約を破棄して攘夷を実行するべきと説くもの

図4 勝海舟 福井市立郷土歴史博物館蔵

に持参した〟との記述があるが、春嶽の記憶には時系列の混乱があり、信用できない。さすがに、浪人である龍馬が春嶽に紹介状を所望することは考え難く、また、春嶽が自ら紹介状を渡したとすると、越前藩の史料に記載がないことは説明がつかない。

　それでは、勝はどのように龍馬との出会いを記録しているのだろうか。「海舟日記」での初登場は、文久二年（一八六二）一二月二九日条の「千葉十（重）太郎来る。同時、坂下（本）龍馬子《し》来る。京師《けいし》の事を聞く」である。しかし、やや時期的に遅い感がある。一方で、一二月一一日条に「当夜、門生門田為之助《ためのすけ》、近藤昶（長）次郎来る。興国の愚意を談ず」と勝の門人として、突如として近藤長次郎らが登場する。そして、その二日前の九日条に「此夜、有志両三輩来訪、形勢の議論あり」とあり、松浦玲は著書の中で「三輩」を龍馬・門田為之助・近藤長次郎と推定し、この日に入門した可能性を指摘する

(『検証・龍馬伝説』)。これだけでは、一二月九日説を確定できないが、現在、有力な説の一つとされている。

さて、「海舟日記」であるが、勝の備忘録的な側面があって不正確な記述も多く、また、記載がないからと言って本当に「事実」がなかったと考えるのは早計な代物であり、慎重に扱う必要性が多くの研究者から指摘されている。例えば、松浦玲は「海舟は政治的には天才だけれども、記録者としては極端に御粗末である。(略)勝の日記をつかって龍馬の入門時期を考察することは、もとより限界があることとなのだ」(『坂本龍馬』)としている。つまり、日記に名前が出ない門下生は数えきれないほどいたことになり、「海舟日記」から入門時期を割りだすことは困難である。

なお、龍馬の盟友である平井収二郎《しゆうじろう》の日記「隈山《わいざん》春秋」(文久三年一月七日条)には、「勝麟大(太)郎幕命を受け、蒸気に乗って摂海に入り、測量、砲台を設けんと欲し、而《しこう》して謀略を作す、始め関東を発するに、同国生坂本龍馬・大里(近藤)長次郎従学したり」との記載がある。これによると、勝が軍艦で大坂湾に来航し、砲台設置のために測量をしていると述べ、龍馬と近藤が勝に「従学」、つまり門人となったとする。これは、龍馬が勝に入門したことがうかがえる、数少ない客観的な史料である。

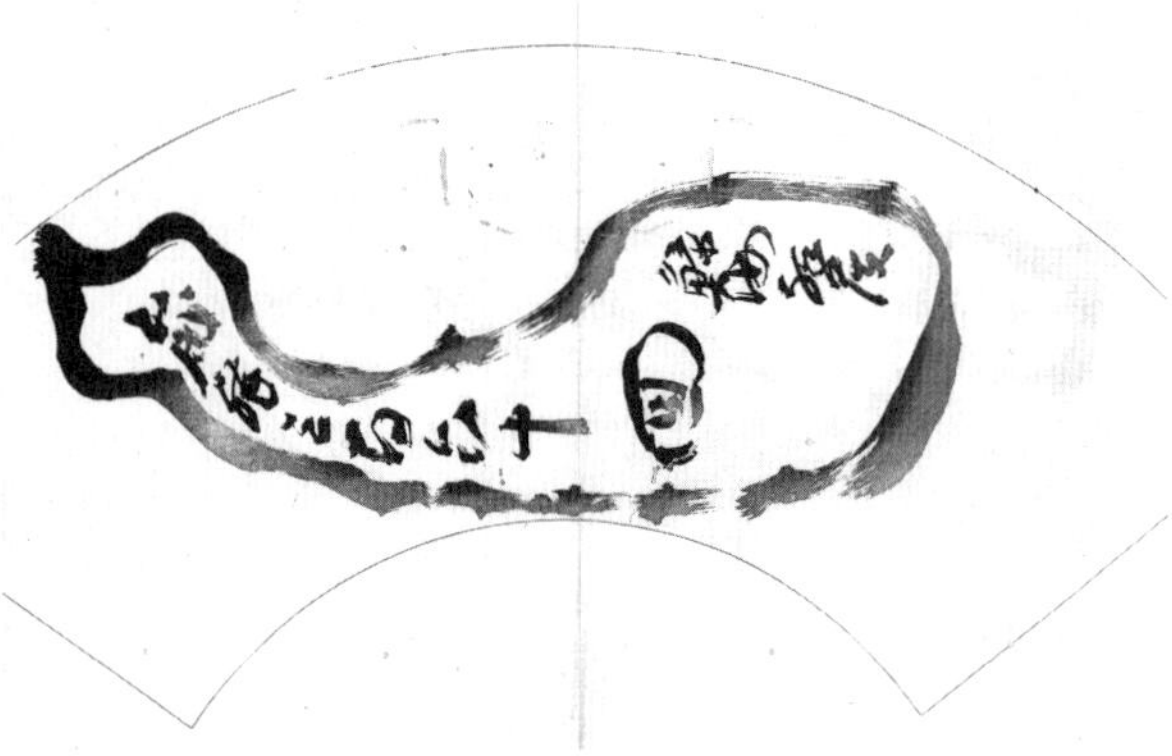

図5　容堂が描いたという瓢箪を模刻したもの　　国立国会図書館蔵

ところで、「木原適處《きはらてきしょ》履歴」を基に書かれた武田正視『木原適處と神機隊《しんきたい》の人びと』によると、龍馬は文久二年一〇月初め頃に勝塾へ入門したとある。木原適処[19]は芸州（広島）藩士で、すでに勝塾におり、龍馬の先輩にあたる。龍馬が入門する前から間崎哲馬を介して龍馬を知っていたが、入塾後は肝胆相照らす仲となり、一二月に木原が藩邸に居所を移す際には、龍馬から太刀を贈っているほどである。その後、龍馬は慶応三年（一八六七）に芸州藩の汽船・震天《しんてん》丸を借りているが（247頁参照）、その実現に尽力したのは木原であった。龍馬との濃密な関係を持つ木原の証言だけに、信ぴょう性は高いと考える。

脱藩赦免への動き

さて、脱藩浪士として活動していた龍馬であるが、勝の門人となったことから事態はあらたな展開を迎える。文久三年（一八六三）一月一三日、勝海舟は幕府軍艦・順動《じゅんどう》丸で兵庫を出航した。土佐藩郷士で土佐勤王党員の樋口真吉《しんきち》は、その日記「遣倦録《けんけんろく》」の一月一五日条において、「吾藩高松太郎《たかまつたろう》、千屋虎之助《ちやとらのすけ》（千屋菊次郎《きくじろう》）、望月亀弥太《もちづきかめやた》、海修行ノ為、右船（幕ノ蒸気船）ニ乗来《のりきた》ル」と記している。千屋の日記「再遊筆記《さいゆうひっき》」では、土佐藩の命令で航海術習得のため、一月八日に右の三名が勝に入門していることが分かっている。

一五日、順動丸は下田に入港し、勝は高松、望月を同行して上京の途中で寄港していた山内容堂を訪ねた。勝の目的は、龍馬らの脱藩罪の赦免の内諾を容堂から獲得することにあった。勝の要請に対し、容堂は腰扇《こしおうぎ》を抜いてそこに瓢簞《ひょうたん》を描くと、その瓢簞の輪廓の中に「歳酔三百六十回鯨海酔侯《げいかいすいこう》」と認《したた》めて、承諾の証拠として勝に下賜した。それにしても、一幕臣と、その要望を受け入れる有力な外様諸侯の構図はきわめて奇異に映るが、勝の諸侯間での人望の高さを見せつけるかのような出来事である。

（19）木原適処（一八二六〜一九〇一）農民の出で、勝海舟に学び、芸州藩士に登用される。藩士と農商出身者らからなる神機隊《しんきたい》を組織し、戊辰戦争では新政府軍に加わったその後、勝は順動丸で江戸に向かい、一月一六日に品川に到着し、松平春嶽を乗せて二三日に上方に向けて出航した。今回は、陸路で江戸に来ていた龍馬も勝に同行して乗船した。その船中で龍馬は幕府の要人、目付の杉浦梅潭《すぎうらばいたん》と懇意になった。杉浦は日記に「順動丸艦中ニ於《おい》テ坂本龍馬ニ初テ逢、歓話ヲ尽ス」（「経年紀畧」）と好意的に記載している。

勝一行は二八日に兵庫に着いているが、その後の龍馬の動静は分からない。しかし、勝は日記の二月五日条に「龍馬、近藤、新宮、岡田、黒木等御船に来る（略）若《もし》御船出帆之機に遅れなば、陸行すべしと云」と記す。実際の龍馬は六日に出航の順動丸に同乗せず、江戸へ向かったのかも確認できない。二月一二日、その龍馬が突如として京都に現れる。京都の土佐藩邸に出頭した龍馬は、七日間の謹慎生活を送ることになるが、このあたり、先の容堂と勝の会談を踏まえた龍馬の脱藩赦免に向けた一連の流れであろう。

「寺村左膳《さぜん》日記」（二月二二日条）によると、「坂本龍馬の事、此者郷士也、先年勤王論を以《もって》御国出奔、薩長之間を奔走し頗《すこぶ》る浪士輩之名望アリト云、当時勢《じせい》ニ而《て》召返され可然《しかるべき》と云之論有リ」とある。これによると、勤王論によって脱藩し、薩長間を奔走してきわめて浪士間で名望があり、現在の情勢に鑑みて、脱藩の赦免が妥当であろうとの議論があると記されている。ここで注目したいのは、「薩長之間を奔走」の文言である。この段階で龍馬は薩摩藩とさしたる関係は見られないものの、こうした記載があるということは、まだ知られていない事実があるのかもしれない。

龍馬の脱藩罪赦免となる

文久三年（一八六三）二月二〇日、「藩廳命《はんちようめい》（藩命）」が下り、晴れて龍馬は脱藩を許され士籍も復活している。忠憤憂国の至情からでた行動として大赦し、脱藩を不問とし無罪同様の処分となっている。

二月二五日、龍馬にその旨が伝達されたが、樋口真吉の「遣倦録」（同日条）によると、「坂本能馬、御叱《しかり》の上帰国御免、龍馬曩《さき》に亡命せる者なり、御聴人、御宥恕《ゆうじよ》これを仰せ付けらる」とあり、その事実が裏付けられる。また同日、脱藩罪の赦免について、千葉重太郎は龍馬が藩邸内で幽閉されているのではと案じ、福井藩邸に春嶽の側近である村田氏寿《むらたうじひさ》を訪ねて相談し、援助を要請した。なお翌二六日、千葉は龍馬の脱藩罪の赦免を確認し、福井藩邸にその旨を伝えている。

大久保忠寛と龍馬

こうして龍馬は第一次脱藩（文久二年三月二四日）を赦免されたが、「遺倦録」（文久三年三月六日条）には「坂本龍馬 並《ならびに》土《ど》居《い》村庄屋助六《すけろく》二男安岡金馬《かねま》、航海術修行被仰付之《これをおおせつけらる》」とある。土佐藩が四月上旬に購入した、上海号に乗船する士官養成が急務となっており、龍馬はその役割を期待されていたのかもしれない。龍馬は文久三年三月二三日に順動丸に乗船し、大坂を出港して江戸に向かったようで、四月二日に大久保忠寛《ただひろ》を訪ねて面談を果たした。龍馬との関係も浅からぬ大久保について、幕末期の経歴を簡単に触れておこう。

文化一四年（一八一七）に五〇〇石取の旗本として生まれ、龍馬より一八歳年長であった。老中・阿部正弘《まさひろ》に登用され、目付、海防掛、蕃書調所《ばんしょしらべしょ》頭取を兼任し、長崎奉行、駿府町奉行、禁裏付、京都町奉行などを歴任した。大老・井伊直弼《なおすけ》と対立して罷免されたが、その後復権し、外国奉行、大目付、講武所奉行、勘定奉行を務めた。勝海舟の門下となり、外国事情に関心をもつ開明的な幕吏として名を馳せた。さらに、長州征伐を批判するなど、歯に衣着せぬ態度を貫き、また、早くから大政奉還を説いたことで知られる。

四月二日の龍馬と大久保忠寛の面談の様子は、大久保が福井藩主・松平春嶽の政治ブレーンである横井小楠に宛てた書簡（四月六日、『開国始末』）で確認できる。これによると、大久保のもとに勝の門人である龍馬ら土佐藩の有志五名が訪ねてきて、即時攘夷を主張したという。それを聞いた大久保は「唯々歎息《たんそく》極め」て茫然自失の思いであったが、刺される覚悟で胸襟を開き、未来攘夷こそ公明正大の道であり、これ以外に策がないことを述べたところ、龍馬と沢村惣之丞のみ、この説に手を打たんばかりに共鳴した。さらに、朝廷が未来攘夷を受け入れない場合、大政奉還も止むなしとする大久保の奇策にも雷同した。そこで大久保は龍馬に、至急上京して尽力するよう促したところ、龍馬は了解したという。

龍馬は大久保に、春嶽宛に同趣旨を認《したた》めた書簡を所望した。すでに春嶽は大久保の意見を了解していたのだが、大久保はあえて書簡を認めて、龍馬に託した。この時、龍馬が福井まで行って春嶽に上京を促すと話していたことから、大久保は福井にいる横井小楠にこの面談の様子を伝える書簡を送り、龍馬への善処を依頼したのである。大久保は龍馬を高く評価しており、龍馬に託した春嶽宛の書簡には、「この度、坂本龍馬に内々逢い候ところ、同人は真の大丈夫と存じ、素懐も相話し、この一封も託し候事に候」（春嶽宛、四月二日）と書き記している。このように、大久保は龍馬を〝真の立派な男子〟と絶賛している。

龍馬は四月三日に順動丸に乗船して、九日に大坂着、一一日に勝海舟と和歌山で面談後、一六日に越前に出発したが、残念ながらこの時の訪問記録は存在していない。さらに、龍馬がいつ大坂に戻ったかもはっきりしていない。いずれにしろ、龍馬は勝を起点にして、春嶽や大久保と懇意になっており、その後の活動における重要なネットワークを構築したことになる。

勝海舟の海軍構想

さて、当時の勝は軍艦奉行並であったが、そもそも、老中の阿部正弘によって登用され、長崎海軍伝習所の教官などを経て、万延元年《まんえん》（一八六〇）に咸臨丸《かんりん》で渡米した経験を持つ。長崎時代には、開明派の代表であり、後に海防掛や外国奉行となる岩瀬忠震《ただなり》の知遇も得ており、これ以降、岩瀬は勝を「麟太《りんた》」と親しく呼んでいる。勝が岩瀬に感化されたことは疑いなく、岩瀬の開明的な思想の系譜を継承している。

勝の関心は摂海防御と海軍建設にあり、文久三年（一八六三）五月一八日に越前藩士の中根雪江《ゆきえ》に「朝幕とも表向の命を降されたれハ、速《すみやか》に建営に着手すへし、拙者ハ此節別に尽力すへき途なき故、神戸に於て大に海軍を興《おこ》し国家百年の基業を創《はじ》むるの決心なり」（『続再夢紀事』五）と、海軍構想を語っている。〝朝廷と幕府から海軍の設置を命じてもらえれば、神戸において大いに海軍を興し、国家一〇〇年の計を立てたい〟というのが勝の宿願である。この後に設置されることになる、神戸海軍操練所を単なる幕府の機関とせず、朝廷と幕府双方による挙国一致的な海軍の隆盛を目指すものにしたかったのだ。

勝海舟と姉小路公知

ここで、勝海舟と姉小路公知の関係に触れておきたい。姉小路は、安政《あんせい》五年（一八五八）三月に通商条約の勅許阻止のため、堂上八十八卿列参《どうじょうはちじゅうはちきょうれっさん》(20)という抗議行動に参画し御所に押し掛け、文久二年（一八六二）八月の四奸二嬪《しかんにひん》排斥運動、(21)一〇月の攘夷別勅使の派遣（姉小路は副使）といった尊王攘夷運動の中核的存在であった。一二月に国事御用掛が設置されると任命され、翌三年二月には国事参政に転じ、この間、国事の討議に加わり、文久期後半、朔平門外の変で暗殺されるまで、三条実美に並ぶ即時攘夷派の中心人物として活躍し

(20) 廷臣八十八卿列参事件ともいう。堂上は公家の家格の一つで、御所の清涼殿に昇殿する資格を有する家柄。上級公家。

(21) 即時攘夷派の公卿により皇女・和宮《かずのみや》の降嫁に尽力した公家らを幕府に通じる者として排斥した。四奸は久我建通《こがたけみち》、岩倉具視《いわくらともみ》、千種有文《ちぐさありふみ》、富小路敬直《とみのこうじひろなお》、二嬪は今城重子《いまきしげこ》、堀河紀子《ほりかわもとこ》のこと

ていた。

文久三年四月二一日、将軍・家茂は摂海巡見のため京都から大坂に下ったが、即時攘夷派はそれに乗じて家茂が江戸に戻ってしまうことを恐れた。そのため、朝廷から姉小路に沿海警備の巡見を命じて、将軍の動静を監視させることになった。二三日、姉小路は長州、紀州、肥後（熊本）等の諸藩の即時攘夷派の志士一二〇余人を率いて大坂へ下ったが、一方、同日に家茂は勝の建言を容れて直々に神戸海軍操練所の設置を指示している。

勝は、その実現のためには朝廷の理解も不可欠であり、たまたま大坂にいた朝廷内の実力者であり、しかも即時攘夷派のリーダーでもある姉小路を少しでも軟化させることが重要と考え、一か八か説得を試みた。二五日朝、勝は姉小路を訪問し、「摂海警衛之事を問はる。答云、海軍にあらざれば、本邦の警衛立がたし、云々。長談皆聞かる」（「海舟日記」）とあるように、摂海警衛や海軍の必要性を存分に説いた。

即時攘夷に凝り固まっていた姉小路にとって、まさに青天の霹靂《へきれき》のような内容であったが、姉小路は勝の意見に耳を傾け、大いに理解を示した。午後になり、姉小路は行動を共にする志士らとともに幕府軍艦・順動丸に乗り込んだ。そして、勝とともに兵庫へ向かった。その船内でも勝は海軍の必要性を訴え続け、志士と激論になったが大抵は説き伏せた。

勝は日記に、「嗚呼《ああ》我が邦家《ほうか》の御為に此説を主張するもの、殆《ほとん》ど七、八年、終に今日に到り、僅《わず》かに延ぶる処あるがごとし」と、〝ほぼ七、八年にわたって海軍構想について主張し続けながら、うまく運んでいなかった。しかし本日、姉小路に短時間であったが説明したことで、実現しそうである〟とその感激を記している。なお、姉小路についてはこの段階で初めて「攘夷の非を悟りて、是よりやや通商条約容認説に傾くに至」とあり、姉小路にとって勝との出会いが、即時攘夷から未来攘夷へと考えを変える転換点となった。

巡見終了後、姉小路は五月二日に帰京した。龍馬はこの前後、姉小路と同行していたとする説もあるが、確証はない。その後、暗殺に至るまでの姉小路の具体的な言動は明らかではないが、その後の経緯や文献史料から、勝の言説を重視して、即時攘夷派から後退したであろうことは疑いない。こうした姉小路公知の即時攘夷派からの脱落は、同派の危機感をあおり、二〇日の「朔平門外の変」（姉小路公知暗殺事件）に至る。勝との出会いが、結果として姉小路を未来攘夷に変節させ、そのことが朔平門外の変を引き起こしたのだ。

第六章　神戸海軍操練所と第二次脱藩
――龍馬の海軍構想とは

春嶽に援助を要請する

文久《ぶんきゅう》三年（一八六三）四月二七日、「海舟日記」には「摂州神戸村最寄りへ、相対《あいたい》を以《もつ》て地所借受け家作《かさく》いたし、海軍教授致し候儀、勝手次第致さるべく候事」との記載があり、いよいよ勝海舟《かいしゅう》は神戸において私塾を開設する許可を得た。しかし、幕府からの金銭的な援助がなかったため、盟友の松平春嶽《しゅんがく》に献金を依頼することにした。

そこで勝は、「龍馬子《し》を越前に遣す、村田（氏寿《うじひさ》）生へ一書を附す、これは神戸へ土着被命《めいぜられ》、海軍教授之事ニ付費用不供《そなわらず》、助力を乞ハむ為也」（五月一六日条）と、越前藩の要人である村田氏寿を通じて、私塾開設の経費の援助を春嶽に依頼するため、龍馬を福井に派遣した。また、勝は「一昨日坂本龍馬を貴国に派遣し御相談に及ハせたり」（『続再夢紀事』

二、一八日条）と、中根雪江《ゆきえ》に海軍構想とともに龍馬の派遣について言及しており、春嶽の片腕で勝の友人である中江にもアシストを暗に期待したのかもしれない。

五月二〇日頃、龍馬は福井に到着し、早速、春嶽の政治顧問として活躍していた横井小《しょう》楠《なん》と面談し、一〇〇〇両の拝借を願い出た。横井は快くその願いに応じ、龍馬は勝の要望に見事応えることが叶った。越前藩の援助もあり、勝の私塾は六月後半までには開所したようだ。塾頭は龍馬と佐藤政養《まさやす》(22)が務めたらしい。

なお、龍馬はこの時に越前藩が中央政局から長州藩を追い落とし、即時攘夷から未来攘夷へと政策の転換を画策し、藩を挙げて率兵上京《そっぺいじょうきょう》を計画していることを聞き及んでいる。この件について、龍馬は五月二七日に京都の越前藩邸に中根雪江を訪ねて面談し、率兵上京の実行を促しているが、実は中根は反対派に属しており、この後、推進派によって失脚させられた。しかし、この率兵上京の計画は結局、越前藩の内紛で頓挫《とんざ》し、推進派の横井小楠は故郷である熊本に帰ってしまった。

（22）佐藤政養（一八二一〜七七）勝の門下生で、軍艦操練所蘭書翻訳方や大坂台場詰鉄砲奉行を務めた

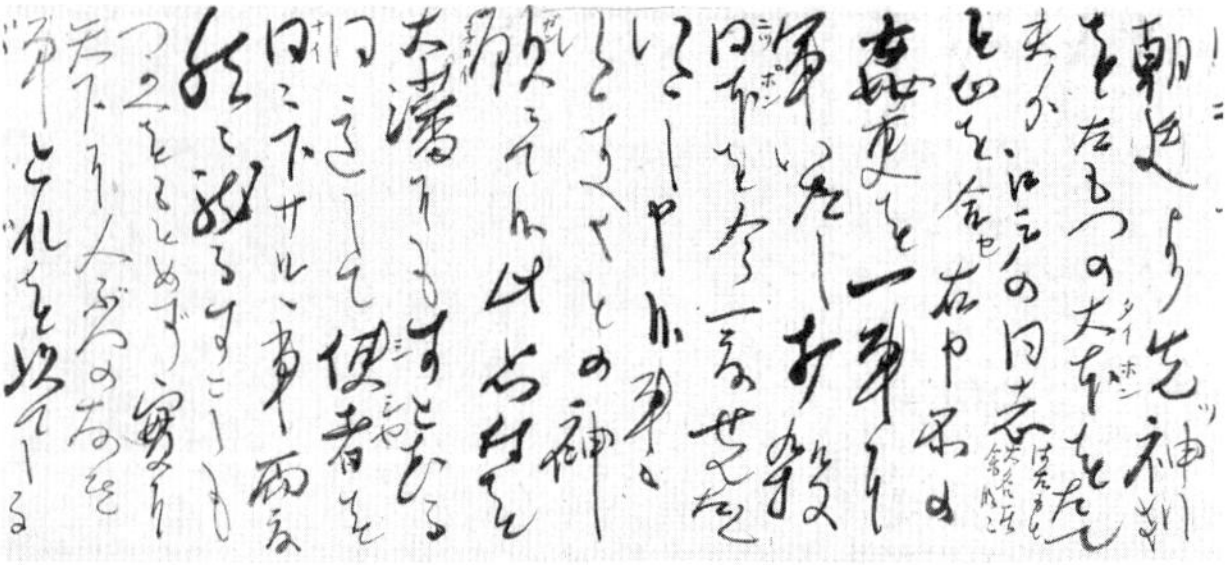

図6　7行目に「日本を今一度せんたくいたし申し候」の文字が見える。文久3年6月29日、坂本乙女宛龍馬書簡　京都国立博物館蔵

龍馬の「洗濯」の意味とは？

ところで、この頃の龍馬の対外認識はどのようなものであったのか。

龍馬の有名な書簡の一節、「日本を今一度せんたく（洗濯）いたし申し候」（姉・乙女宛書簡、文久三年六月二九日）は、その前後の意味を採らないと誤読する危険性がある。龍馬は、下関戦争で長州藩が攘夷を実行した後、アメリカとフランスからの報復攻撃によって大打撃を受けたことにひじょうに同情し、外国による下関の占領を警戒していた。この言葉は、孤軍奮闘して攘夷を実行する長州藩に敬意を払い、敵艦の逆襲を受けている状況を心配したことから発せられた。

実は、その一節の前に「右申す所の姦吏《かんり》を一事に軍《いくさ》いたし打ち殺し」とあり、これは、幕閣に対する怒りの言葉である。龍馬は幕閣が、日本の一角である長州藩の窮地を傍観し、こともあろうに外国と内通して船の修理まで行い、長州を砲撃させていると誤解していた。もちろん、幕府がそんなことをした事実はない。龍馬の「洗濯」とは、攘夷を実行せず、こともあろうに異人に内通する姦吏（＝幕閣）を一掃するという意味であり、「倒幕を実行して王政復古を実現しよう」などという、大それた放言ではない。

また、六月二九日に龍馬は越前藩士・村田氏寿と談判し、〝外国人を国外退去させ国内を鎮静すべきである〟と主張した。その方法は、勝や大久保忠寛《ただひろ》を説いて幕府から俗吏を追放し、春嶽や山内容堂《ようどう》を上洛させて実行させるというもので、唐突感は否めない主張であった。案の定、村田は長州藩の暴挙を責め、龍馬の提案を即座に却下している。

なお、龍馬の論点は外国による国内の一部地域の占領や租借化を危惧《きぐ》しており、将来の植民地化を阻止するための議論であった。しかし、村田は長州藩の非を責めることに終始したため、この談判は平行線に終わった。龍馬は未来攘夷志向でありながらも、今回は長州藩への同情から、即時攘夷的な言説を主張しており、やや感情が高ぶったのかもしれない。なおこの時、龍馬は資金援助の謝礼として、騎兵銃一挺《ちょう》を持参して越前藩に贈っている。

二度目の脱藩

話はここから、土佐藩の政情の変遷がどのような影響を、龍馬に及ぼしたかについて述べる。

山内容堂はかねてより、土佐藩の下級藩士や脱藩浪士が反幕的で過激な行動に出ることに大きな不満と警戒心を抱いていた。文久三年（一八六三）になると、土佐勤王党の大弾圧を実行に移し、六月八日に藩士・平井収二郎《しゅうじろう》、弘瀬健太、間崎哲馬《まさきてつま》に自刃を、九月二一日には武市半平太《たけちはんぺいた》、河野敏鎌《とがま》、島村衛吉《えきち》らに揚屋入（入牢）を命じた。勝塾の龍馬らに対しても、一一月下旬に帰国命令が出された。

龍馬から相談を受けた勝は、龍馬を助けるために江戸の土佐藩邸に提出する嘆願書（一二月六日、土佐藩目付宛）を認《したた》めた。勝は「同人義、この節順動《じゅんどう》丸乗組み手足《た》り申さず、旁《かたがた》乗組み申付け置き候義にもこれあり」（将軍・家茂《いえもち》の海路での上京が迫る中で、乗組員が不足しており、龍馬にも申し付けている）と述べている。

さらに、「御屋敷より修行仰せつけられ居り候四、五輩は、かねて容堂様へ御直に申上げ熟達も仕り候、同人輩も別段噴発勉励致し居り、その上坂本義は塾頭申付け置き、御船手足《た》り申さざる節は乗組ませ候義に候」（容堂様に直接お伝えした通り、土佐藩から海軍修行を依頼された四、五人は熟達を遂げている。そして、龍馬らは格別に奮発して励んでいるが、中でも龍馬には勝塾の塾頭を申し付けており、人手不足の時には乗船させる運びである）と、龍馬の重要性を指摘して帰藩への猶予を請うた。龍馬本人が本書を江戸藩邸の目付まで持参したものの、龍馬の帰藩命令はすでに藩から正式に出されたものであるとして拒絶されてしまった。ここに、龍馬の二度目の脱藩が確定したのだ。

神戸海軍操練所の塾頭は？

遅れていた幕府による官営の海軍士官の養成学校については、元治《げんじ》元年（一八六四）五月一四日に、その開設を前提に軍艦奉行並であった勝が軍艦奉行に任じられ、作事奉行（建築行政の最高職）格に昇任した。そして、大坂船手（大坂湾の警備、廻船の監査をする幕府の役職）が廃止され、所属の船舶人員を養成学校に付属させる命令が発せられ、ようやく神戸海軍操練所がスタートした。二九日には関西在住の旗本・御家人の子弟および中国・四国・九州諸藩の諸家家来について、操練所への入所、修業を許すとの沙汰が幕府より下された。

この資格では、脱藩浪士の身である龍馬たちは操練所に入れず、近藤長次郎《ちょうじろう》は「勝阿波《あわの》

（安房）守《かみ》家来」として入所している。つまり、龍馬は正規の役職に就けなかっただけではなく、練習生として操練所に入ることすら不可能だったのだ。龍馬が操練所の塾頭であったとする通説は成立せず、勝塾の塾頭と混同された可能性が高い。龍馬なら「さもありなん」と考えられ、今に至ったものであろう。

勝海舟の失脚

ところで、神戸海軍操練所については、一次史料がほとんどなく謎が多い。そもそも、一体だれが所属したのか、それすら曖昧《あいまい》である。その最大の原因は、きわめて短い期間しか存在しなかったことであろう。開所からわずか五ヶ月後の元治元年（一八六四）一〇月二二日、勝は江戸へ帰るように命じられる。一一月二日に江戸に着くと一〇日には軍艦奉行を罷免され、勝塾は即刻閉鎖を申し渡された。操練所も一気に廃れてしまい、正式には翌慶応元年（一八六五）三月一八日に閉所となった。

勝失脚＝海軍操練所の閉所となったのは、新選組が尊王志士を襲撃した「池田屋事件」（元治元年六月五日）および「禁門の変」（蛤御門の変。同七月一九日）に、勝塾生が関与をしていたためである。例えば、土佐藩浪士の望月亀弥太（75頁）は池田屋事件に遭遇して犠牲になっている。弟子たちが関与したことで、勝の幕臣にあるまじき人間関係が問題視され、勝の召還、罷免に発展したのだ。龍馬らは最大の庇護者を失い、あらたな居場所を求めざるを得なくなった。

龍馬の海軍構想

龍馬の海軍構想とは、一体どのようなものだったのか検討しておこう。朝廷が攘夷実行を促すため、文久三年（一八六三）七月一七日に監察使として播磨、淡路に派遣していた国事寄人《よりうど》・四条隆謌《しじょうたかうた》に対して、龍馬は「無二念打払いを回避し、止むを得ない場合でも、今まで付き合いがあったオランダ船や中国船は、区別すべきであること」を建言しようと画策した。結局、実現はしなかったものの、そこには龍馬の国事周旋への積極性とともに、未来攘夷に沿った海軍建設への志向が読み取れる。

龍馬は海軍の具体的な建設について、「西日本における海軍基地を神戸と定め、勅命によって総督を指名すること」、「身分を問わず人材を集め、経費は西国諸侯が負うこと」を構想していた。将軍・徳川家茂が操練所を開設する許可を出しても、幕府主導での実現は困難との認識がうかがわれる。一方で、操練所を国家のものと見なし、幕府に独占させまいとの深謀も潜んでいたのかもしれない。いずれにしろ、これは勝の構想に近く、後述の通り、横井小楠も同様な海軍構想を示していることから、龍馬は両者から影響を受けたのだろう。

勝の征韓論

龍馬の世界観や海軍構想の構築には、師である勝海舟の影響がもっとも大きかったことは想像に難くない。ここでは、勝のとなえた東アジア重視論、征韓論に触れておきたい。

勝は、文久三年（一八六三）四月二七日に桂小五郎《こごろう》と対馬藩・大島友之允《とものじょう》にある策を論じた。そもそも、この時、対馬藩の財政危機の克服と長州藩の奉勅攘夷の実現が連動し、対馬藩を朝鮮侵出の前線基地として征韓を実行するため、桂と大島が中心となって幕府に財政援助と軍艦の貸与を求めているという状況だった。

勝は桂に対し、「当今亜細亜《あじあ》洲中、欧羅巴《ヨーロッパ》人に抵抗する者なし、これ皆規模狭小、彼が遠大の策に及ばざるが故なり。今我が邦より船を出だし、弘《ひろ》く亜細亜各国の主《しゅ》に説き、横縦連合、ともに海軍を盛大し、有無を通じ、学術を研究せずんば、彼が蹂躙《じゅうりん》を遁《の》がるべからず。先《ま》ず最初、隣国朝鮮よりこれを説き、後支那《しな》に及ばんとす」（「海舟日記」）と述べた。

つまり、〝現在、東アジアにおいては西欧諸国に抵抗する国家はないが、これは鎖国的で海軍等も興さず、西欧諸国の帝国主義政策にはるかに及ばないためである〟と分析している。そして、〝日本からアジア諸国に広く同盟関係を持ちかけ、それぞれに海軍を勃興させ、兵学を研究しなければ西欧諸国の蹂躙を回避できない。まずは隣国朝鮮と、その後清国と同盟すべきである〟と提案し、桂らもその意見に大いに賛同した。

勝は文字通りの同等の同盟ではなく、アジア諸国を傘下に置くという前提に立った上で、共同で海軍を充実させ、欧米諸国と対峙《たいじ》することを主張している。しかも、その魁《さきがけ》を朝鮮に求めた征韓論を肯定する姿勢を示した。勝の征韓論は、すでに姉小路《あねがこうじ》公知《きんとも》にも通じており、五月一八日、大島からの「征韓の議、因循《いんじゅん》して決せず、事機失せん歟《か》と、歎ず」という発言に対し、勝は〝姉小路に言上すれば、おそらく実現するだろう〟と述べている。そして〝先日、姉小路へは征韓論について切り出しておいたので、おそらく聞き入れてくれるだろう〟と回答していることは見逃せない事実である。勝と姉小路は短期間に急接近し、対外政略を議論するような関係を築いていたのだ。

「海舟日記」によると、勝自身も五月一五日に二条城において、「司農（勘定奉行）、監察へ、征韓の大議を説解す。今日、城中此議あり。俗吏囂々《ごうごう》、皆不同意之云《これにどういせずという》」と、つまり

〝幕閣に対して征韓論を詳述し、城中では大激論となったが、誰も同意しなかった〟と記載している。また、二三日にも登城して、老中・板《いた》倉《くら》勝《かつ》静《きよ》に征韓の沙汰を下すように迫っている。なお、勝の当時の言説をもう少し追ってみると、日記の文久二年（一八六二）閏《うるう》八月二〇日条には対馬の防衛に関連し、〝英仏が領有を狙っているが、これはロシアの東アジアでの南下政策を押し止める大望のためである〟と警戒感を吐露している。そして至急、対馬を上《あげ》地《ち》（代替地を与えて、幕府の直轄地にすること）して、「良港を開き、貿易地となす時は、朝鮮、支那の往来開け、且、海軍盛大に到るの端《たん》ならん」と提唱し、朝鮮への侵出と海軍の発展を繰り返し主張していたのだ。

　こうした勝の言説は、幕閣に風穴を開けることになった。板倉は、桂小五郎から盛んに働きかけられた儒家・陽明学者として著名な顧問の山田方《ほう》谷《こく》からの要請もあって、幕閣として初めて公式に征韓論を唱え、文久三年五月一二日に対馬藩の朝鮮侵出の請願書を受理している。そして二六日、幕府は正式に「朝鮮国服従之御内命」（「記録書抜」五月二八日条、維新史料綱要データベース）を対馬藩に命じ、六月には勝に対馬への派遣を命じた。その辞令には、「朝鮮国の事情探索」（「海舟日記」六月五日条）と記されているが、実際には征韓準備のためであった。しかし、勝の対馬行きはなかなか実現しなかった。

勝の長崎行き、裏の意味

翌元治元年（一八六四）二月五日、将軍後見職の慶喜《よしのぶ》より二月から四月にかけて長崎出張が勝に命じられた。これについては、フランス艦が下関へ砲撃に向かうとの情報から、その阻止のためであると「海舟日記」には記載されている。早速、勝は一三日に出発し、敵対関係にある長州藩の領内に位置する下関を迂回して二三日に長崎に到着。四月四日に出立するまで、フランスやオランダなど各国関係者と面談し、下関への攻撃に二ヶ月の猶予を認めさせるなどの成果を挙げた。

ところで、三月三日に勝は老中・水野忠精《ただきよ》から以下の様な台命《たいめい》（将軍の命令）を受け取っている。

①朝鮮探索について、軍艦奉行並・勝海舟に申しつけたので、近々、対馬に向かうはずである。これまでの規則にかかわらず、臨機応変に、勝の申し出に沿うよう取り扱うこと。なお、勝への応対は万時、形式にこだわらず略式で構わない。

②右の通り、以酊庵《いていあん》（対馬にあった禅院。幕府は五山の学僧を交替で勤務させ、朝鮮と対馬藩宗氏の交渉を監察していた）に伝達したので、用件が済み次第、すぐに対馬に渡海し、

じゅうぶんに朝鮮探索を行うこと。
③長崎での御用が済み次第、すぐに対馬へ渡海を命じたが、京都での御用もあるので、対馬行きは見送り、早々上京すべきこと。

②は、おそらく長崎への出発前に、勝に下されたと思われる台命を明文化して、あらためて公布したものであろう。①は以酊庵に命じたもので、朝鮮探索を命じられた勝に現地での裁量権を最大限に認めており、朝鮮の出方次第によっては侵出の足掛かりを摑もうとの野心が透けて見える。勝の長崎行きの真の目的はここにあったのではないか。

だが、なぜ慶喜は二月の長崎出張を命じた段階で、朝鮮探索について言及しなかったのかが疑問である。これは勝への申渡しの際に、朝政参与であった島津久光《ひさみつ》、松平春嶽、伊達宗城《むねなり》も同席していたため、秘匿されたものと推測する。いずれにしろ、長州藩をめぐる外国との談判は、必ずしも勝でなくても可能であったかもしれないが、朝鮮探索については、征韓論を主張し続けた勝でなければ力不足であることは否めない。勝以外が探索をすることなど不可能であり、勝に対するメインの使命が朝鮮探索にあったことは間違いないだろう。

しかし、その台命がすぐに取り消しとなったことについては、③によって諸外国との談判が終了後、中央政局での任務のため、至急の上京を命じられており、対馬行きはお預けとなってしまった。長州藩の率兵上京が取り沙汰される不穏な情勢の中で、対外問題の発生は、とにかく回避されなければならなかった。この時点では、征韓論どころではなくなっており、勝の召命は至極当然であった。

ところで、対馬藩の大島友之允は山田方谷に対して、〝勝は平和主義的なアジア重視主義ではなく、征韓論者である〟と言いきっており、大島自身も〝今回の朝鮮探索にも同行する手はずであった〟と述べている。大島は朝鮮問題について、何度となく勝と議論を重ねており、その大島の言動からも、勝の征韓論は侵略主義であることが裏づけられる。明治以降の勝の平和的言説から、勝を征韓論者ではないと推断することは慎まなければならない。しかし、老中・板倉と勝の失脚により、幕府による征韓実現は沙汰止みとなり、明治政府の誕生まで棚上げとなった。

龍馬と長崎

勝は長崎出張に龍馬を同行しており、当然ながら龍馬を朝鮮に連れていくことが念頭にあったはずである。勝の征韓論実現のため、龍馬に大きなサポート役を期待していた可能性もあろう。結果として、朝鮮探索は実現しなかったが、龍馬はその構想に触れ、勝と一緒に征韓論を推進しようとした体験は、その後の龍馬の対外政略において影響を与えたはずである。また、勝との同行によって、龍馬がその後の拠点の一つとした長崎と出会ったことも重要であろう。

ところで、元治元年（一八六四）二月二九日に勝は長崎で長州藩士の楫取素彦《かとりもとひこ》（小田村文助）の訪問を受けた。楫取は長州藩の窮地を勝に救って欲しいと懇願し、勝もそれに応え、同藩の情勢を在京の幕閣に知らせ、「寛典処分」（寛大なる処置）を申し立てている。龍馬もこの時、楫取の知遇を得たが、後述の通り、この出会いが薩長融和への布石になるとは、当人同士も思いも寄らぬことであっただろう。

なお、勝は長崎滞在中に龍馬を横井小楠のもとに派遣し、海軍構想を伝えたと思われる。横井は勝宛の「海軍問答書」の内容を龍馬と議論したのではないか。その内容は、朝廷と幕府による挙国一致型の海軍とし、経費は幕府と諸藩で均等に負担すること、そして人材登用は完璧な能力主義とすることが謳《うた》われており、龍馬は持論の補強とさらなる海軍構想に活用したと考えられる。

第七章　薩摩藩士・坂本龍馬の誕生
——薩長融和周旋の開始

島津久光の中央政局進出

龍馬が勝海舟《かいしゅう》の下で活躍していた文久《ぶんきゅう》三年から元治《げんじ》元年（一八六三～六四）は、即時攘夷派と未来攘夷派が激しく抗争を繰り広げていた激動の時期に合致する。ここでは、その間の政治動向について、この後、龍馬との関係が深くなる薩摩藩の動向を中心に、既述とも重なる部分もあるが概観しておこう。

文久三年七月二日、前年の生麦事件（54頁）後の賠償問題などがこじれて、鹿児島の錦江《きんこう》湾で薩英戦争が勃発《ぼっぱつ》した。薩摩藩は戦死者こそ五名程度であったが、艦砲射撃によって鹿児島城の一部、集成館（洋式の近代産業の工場群）、鋳銭局（貨幣の鋳造工場）を始め、民家約三五〇〇戸、武家屋敷約一六〇〇戸が焼失しており、英国艦隊に圧倒的な武力の違いを見せつけられた。島津久光《ひさみつ》および藩の重臣たちは、これ以上、英国との戦争を継続することは困難と悟ったため、早急な講和談判の開始を求めた。

一方で当時の中央政局は、過激な攘夷行動に走る長州藩に牛耳られており、その打開が急務であったが、英国との緊張関係のため久光はなかなか乗りだすことができなかった。しかし、この段階では、久光の名代的存在である中川宮《なかがわのみや》の窮地（「朔平門外《さくへいもんがい》の変」の首謀者であるとの嫌疑や、攘夷の先鋒である西国鎮撫大将軍への就任の強要）を救うため、高崎正風《まさかぜ》など在京の薩摩藩士が画策した「八月十八日政変」によって、長州藩および三条実美《さねとみ》ら過激派廷臣を京都から追放することに成功した。

薩英戦争の講和によって、英国の脅威を取り除いた久光は、八月十八日政変後の中央政局に進出することが叶った。この時の久光は、朝廷と幕府のどちらからも絶大な信頼を勝ち取り、まさに人生のクライマックスを迎えることになる。久光は朝政参与の実現（参与会議[23]）を画策し、元治元年一月には一橋慶喜《よしのぶ》、松平春嶽《しゅんがく》、松平容保《かたもり》、山内容堂《ようどう》、伊達宗城《むねなり》らとともに朝政参与に任命された。加えて、二条城での老中御用部屋入りを許され、念願の幕政への参加も実現したかに見えた。

朝廷と一会桑勢力

しかし、参与会議の実態は単なる朝議の諮問機関に過ぎず、老中御用部屋入りも単なる形式的なものであり、久光の国政への参画は画餅《がべい》に帰した。しかも、横浜鎖港をめぐって久光は慶喜と激しく対立した。さらに悪いことに、孝明《こうめい》天皇が嫌う山階宮《やましなのみや》の還俗《げんぞく》を画策し、朝廷に無理強いをしたため、肝心の天皇とも疎遠になってしまった。こうして、朝政参与の体制はあっけなく瓦解してしまった。なお、久光の命に背き、島流しとなっていた西郷隆盛《たかもり》が沖永良部《おきのえらぶ》から召喚されたのはこの時期である。

久光を始めとする参与諸侯は、この事態に失望し、次々に京を去ったが、一方の朝廷は幕府へ大政委任を通達し、朝廷と幕府の関係は蜜月期を迎えた。中央政局では孝明天皇、朝彦《あさひこ》親王（中川宮を改名）、関白・二条斉敬《なりゆき》が一会桑《いっかいそう》勢力（一橋慶喜、会津藩主・松平容保、桑名藩主・松平定敬《さだあき》）と癒着した体制を構築し、江戸の幕府本体とは距離を置きつつ、勢力挽回を狙った長州藩による率兵上京《そっぺいじょうきょう》に備えた。一方で久光は在京の薩摩藩士に対し、幕府

（23）元治元年（一八六四）正月から三月まで京都に存在した朝廷の任命による有力な諸侯から構成された合議制会議、およびその制度のこと

とは距離を取りながら禁裏の警護に専心するように指示しており、朝彦親王に代わって中央政局において久光の名代的存在となった小松帯刀《たてわき》の下で、自らの考えを遵守させて、幕府・長州藩双方からの働きかけには冷淡な対応をとった。

禁門の変と第一次長州征伐

長州藩が率兵上京を準備していた矢先に、新選組が尊王志士を襲撃した「池田屋事件」（元治元年〈一八六四〉六月五日）の急報が届いた。それを口実として長州藩はすぐさま率兵上京を開始した。七月一九日に、御所に向けて進軍した長州藩と会津藩を中心とする諸藩連合軍が激突し、「禁門の変」が勃発する。当初、薩摩藩は、長州藩と会津藩の私戦として傍観していたが、その矛先が自分たちに向かうことが確実となったため、長州征伐の勅命獲得に奔走し、参戦し主力となった。長州藩は大敗し、久坂玄瑞《げんずい》を始めとする精鋭の指導者の多くを失ってしまった。これ以降、長州藩にとって薩摩藩は不倶戴天《ふぐたいてん》の敵となったのだ。

朝廷と幕府は長州征伐を宣言したものの、将軍は江戸から動こうとはせず、征長総督は元尾張藩主・徳川慶勝《よしかつ》に押し付けられた。この段階で、薩摩藩の方針に大きな変化が見られた。当初は長州藩への厳罰論であったが、長州征伐後に幕府の矛先が薩摩藩に向かうことへの警戒心から、久光は国許である鹿児島に割拠する方針に転換した。そして、貿易の振興や軍事改革、武備充実による富国強兵を目指し始め、幕府から距離を置いて将来の戦闘に備えるという抗幕志向を明確にした。在京の西郷隆盛も、この新しい久光の方針に従わざるを得なかった。

薩摩藩を代表して第一次長州征伐に参軍することになった西郷は、慶勝に取り入って参謀格として従軍した。西郷は長州藩の支藩の岩国藩主・吉川経幹《きっかわつねまさ》と交渉し、禁門の変の首謀者である長州藩の三家老と四参謀の死罪を実行させ長州への総攻撃の中止を実現した。さらに、長州藩主・毛利敬親《たかちか》・広封《ひろあつ》父子の謹慎と山口城の破却を履行させ、五卿(「七卿落ち」のうちの五人。三条実美、三条西季知、東久世通禧、四条隆謌、壬生基修)を江戸へ移転させる同意を取り付けたため、一二月二七日には戦うことなく、幕府軍を主力とする軍勢は撤兵を開始した。西郷の尽力は、筆紙に尽くしがたいものがある。

薩摩藩海軍が土佐脱藩浪士をリクルート

ところで、この時期の薩摩藩の最大の難問が海軍の再興であった。薩英戦争によって、天佑《てんゆう》丸、白鳳《はくほう》丸、青鷹《せいよう》丸を失い、海軍は全滅状態にあった。また、文久三年（一八六三）一二月には幕府から借用した蒸気船が兵庫から長崎に向かう途中、豊前《ぶぜん》田ノ浦から長州藩によって砲撃され、大きな犠牲が生じた。砲弾自体は命中しなかったものの、逃走時に火災を起こし、六八人の乗組員中二八名が溺死した。この中には、有能な士官、機関員、ボイラー員が多数含まれており、薩摩藩の海軍力はこの時点で壊滅的なダメージを受けていた。

薩摩藩は元治元年（一八六四）一月から安行丸（前年九月に購入）の運行を開始し、同年中に平運丸、胡蝶《こちょう》丸、翔鳳《しょうほう》丸、乾行《けんこう》丸、豊瑞《ほうずい》丸を長崎で購入した。しかし、軍艦は手に入れたものの、乗組員の不足を解消するにはほど遠い状態にあり、ここで白羽の矢が立ったのが、龍馬を含む勝海舟の門下生である土佐藩脱藩浪士グループであった。

薩摩藩の吉井友実《よしいともざね》は大久保利通《としみち》を経由して、上海での貿易および武器購入の実現を島津久光に言上した際（大久保宛書簡、文久三年〈一八六三〉五月一二日）、〝この計画を実行するために、海軍はここから発祥するだろうと注目される勝塾に属し、航海術に熟練している塾生を招来すること〟を提案した。そして、〝本件は勝海舟に内談に及べば、勝はかねてからその意向を持ち、しかも、薩摩藩を敬慕しているので間違いなく同意するであろう〟と述べている。ついては、〃兵庫から物産を積み込み上海への航海を申し付け、大砲銃剣などを購入すればよく、五代友厚《ともあつ》らがその実行をいかようにも画策できる〃と断言し、〃まずは勝と交渉すること〃を進言していた。これは神戸海軍操練所閉鎖後、塾生等の関係者を薩摩藩が召し抱える伏線である。

また、小松帯刀書簡（大久保宛、一一月二六日）によると、〃神戸の勝塾にいた土佐藩脱藩浪士グループが外国船を借用して航海する計画があり、坂本龍馬という人物が江戸に下って談判したところ、上首尾にいった様子である〃こと、〃その船に乗り込もうとしている高松太郎(24)などの脱藩浪士らは、国許からの帰藩命令に従い帰藩すれば殺されかねないとして、船に乗り込むまでの保護を求めてきた〃ことなどが書かれていた。さらに小松は、〃これを利用し、彼らをいずれ薩摩藩の海軍に役立てようと考え、その旨、西郷などとも相談の上、大坂屋敷に潜伏させている〃と大久保に書き送った。これ以降、同グループが薩摩藩によって囲い込まれたことは想像に難くない。

(24) 高松太郎（一八四二～九八）母が龍馬の姉の千鶴《ちづ》。龍馬とともに勝塾に入り航海術を学ぶ。海援隊では中堅幹部として尽力。明治四年、坂本家を継ぎ、坂本直と改名大坂屋敷に潜伏したメンバーは、近藤長次郎《ちょうじろう》、高松太郎、菅野覚兵衛《すがのかくべえ》、新宮馬之助《しんぐううまのすけ》、白峯駿馬《しらみねしゅんめ》、黒木小太郎、陸奥宗光《むつむねみつ》であり、その他にも幕府士官と争って出奔した幕船・翔鶴《しょうかく》丸の船舶器械取扱者や火炊水夫《かしきかこ》（機関員、ボイラー員等）らと推測される。その後、龍馬による外国船借用が不首尾となったため、元治二年（一八六五、四月七日慶応に改元）二月一日、近藤らは安行丸で鹿児島に向かい、二月一八日に大乗院《だいじょういん》坊中威光院《いこういん》を居所と定めた。なお、小松と西郷が四月二二日に退京し、胡蝶丸で二五日に大坂を発して五月一日に鹿児島に帰藩した際、龍馬を同行している。龍馬を含め、薩摩藩の海軍建設に向けた、具体的には士官、船員として期待されての鹿児島行きであった。

薩摩藩士!?　坂本龍馬

このメンバーの中で、龍馬のみ別行動をとることになる。それまでの薩摩藩の長州藩へのアプローチは、長州藩の支藩である岩国藩の吉川経幹を通じてのものであった。一方で、高杉晋作《しんさく》による功山寺《こうざんじ》挙兵[25]以後、長州藩内の混乱などもあり薩摩藩は長州宗藩との接点を容易に見出せないでいた。その点、龍馬は長州藩士とも交流があり、小松と西郷が自分たちと行動をともにする間に、龍馬に政治的周旋を任せることが可能であると判断したものであろう。
小松らは龍馬に対し、薩摩藩が抗幕体制を採るにあたって、長州藩をパートナーにする意思があることを申し含めた上で、長州藩への情勢探索に派遣した。その際には、当然、島津久光の了解があったことは言うまでもなく、久光に対する報告が求められた。薩摩藩に仲間とともに庇護されている龍馬が、薩摩藩からの要請を了解することは至極当然であろう。龍馬が薩長融和に尽力するのは、本人の意思の有無にかかわらず、薩摩藩の意向に沿った周旋活動に他ならない。ここに、薩摩藩士・坂本龍馬としての履歴がスタートする。

なお、龍馬との連絡係は西郷であった。時期はやや下るが、兄の坂本権平一同宛の慶応二年（一八六六）一二月四日付の書簡には、「左之通御記し被成《なされ》西郷吉之助様近　坂本龍馬様、又其上を左之通薩州長崎御屋敷御留守居　汾陽次郎右衛門《かわみなみじろうえもん》様」と宛先を指示している。龍馬宛の手紙は一旦、長崎聞役《ききやく》の汾陽のもとに届いた後、基本的には西郷とともに、薩摩か長崎などにいると思われていた龍馬のもとに、転送されるようになっていた。

（25）元治元年（一八六四）一二月一五日に高杉晋作らが、功山寺（下関市長府）で起こしたクーデター

龍馬、長州への潜入を命じられる

慶応元年（一八六五）五月一六日、龍馬は付添いの薩摩藩士・児玉直右衛門とともに鹿児島を出発し、二三日に太宰府《だざいふ》（福岡県太宰府市）に至り、翌日には三条実美ら五卿に謁見した。これは長州藩への潜入のための手引きを三条に期待して、小松や西郷らが周到に用意した筋書きであった。龍馬は五卿従者の土佐藩浪士・黒岩直方《くろいわなおかた》に先導され、閏《うるう》五月一日に下関に着いた。なお、二五日に龍馬と対面した五卿の一人、東久世通禧《ひがしくぜみちとみ》は「土州藩坂本龍馬面会、偉人なり奇説家なり」（『東久世通禧日記』）と感想を記しており、龍馬を高く評価している。

この間の事情を五卿付の薩摩藩士・蓑田新平《みのたしんぺい》と渋谷彦介《しぶたにひこすけ》の書簡（西郷宛、閏五月一四日、『西郷隆盛全集』五）を筆者による現代語訳によって確認しておこう。

児玉を付き添わせて派遣された龍馬が大宰府に着いたので、渋谷らは五卿へ拝謁させる段取りをした。その後、三条の配慮で黒岩の手引きにより龍馬を長州藩に潜入させ、情勢探索した結果を御方様（久光）に言上するために、児玉を大宰府に止まらせていた。そこに土方楠左衛門《ひじかたくすざえもん》が長州から大宰府に戻った。土方より龍馬からの書簡を受け取り、長州藩の情勢も細々聞き及んだ。そして、中岡慎太郎《しんたろう》が鹿児島に向かい言上に及ぶとのことなので、すでに（西郷は）聞き及んでいると考え、龍馬からの書簡を児玉に持参させることにしたので了解して欲しい。

このように龍馬は、当初の想定以上に周旋活動を順調にスタートさせ、薩摩藩・久光の期待に応え始めた。

ところで、五月二三日、長州藩の楫取素彦《かとりもとひこ》（一四日に山口を出発）および長府藩士・時田《ときた》少輔《しょうすけ》、熊野直助は、四月上旬に派遣されて来た五卿使者（中岡慎太郎）への返礼という長州・長府各藩の命によって太宰府へ行き、三条らに謁見していた。そして、龍馬が五卿に謁見したまさにその当日、龍馬は楫取らと邂逅《かいこう》した。前述の通り、龍馬は一年三ヶ月前に長崎で楫取と対面しており、既知の関係であった。龍馬は薩摩藩が長州藩との連携を目指しており、龍馬自身は薩摩藩から派遣され、これから長州藩に向かうつもりであることを伝えた。それに対し、薩摩藩との連携も辞さないとする藩要路（藩政に深く関与する官僚的な上級藩士）、とくに木戸孝允《たかよし》の意向を熟知していた楫取が、龍馬に潜伏生活から長州藩に復帰した木戸との面談を勧めたため、龍馬は渡りに船の体で下関に向かうことを約束した、と筆者は考える。

なお、木戸の長州藩への復帰を龍馬が確認したのは、この楫取との面談時であった。黒田清綱《きよつな》書簡（西郷宛、閏五月一二日）の中で、長州藩の情勢について報告されており、その中で、「桂小五郎《こごろう》（木戸）ニも帰参、要職ニ被用《もちいられ》、当分其手当盛之由相聞得《あいきこえ》申候」と、木戸の帰藩についても言及している。この書簡が、もっとも早い鹿児島への報告である。黒田は江戸詰（江戸藩邸での勤務）を命じられ、五月二六日に鹿児島を出発していることから、その時点では木戸帰参の情報に西郷らも接しておらず、当然、一六日に鹿児島を出発した龍馬は知る由もない。つまり、よく言われるような、龍馬は木戸との面談を前提に長州藩探索に向かったのではないことが確認できる。

木戸と龍馬の面談

慶応元年（一八六五）閏五月一日、龍馬らは渡海して下関に至り、商家・奈良屋の当主である入江和作《わさく》を訪ねた。時田少輔書簡（楫取宛、閏五月二日、『楫取家文書』一）によると、時田に入江がすぐに龍馬の来訪を知らせてきたという。時田は、龍馬の目的が〝太宰府で約束した木戸との面談に違いない〟と思い、打ち合わせ通り、翌二日に楫取に龍馬の下関到着を伝えたのである。時田は〝木戸が至急下関に来て龍馬から薩摩藩の情勢を聞きだすべきである〟とその周旋を楫取に求めた。さらに同日、時田は木戸に対しても龍馬らの下関到着を知らせ、〝旧知の龍馬と面談して、薩摩藩の事情を確認して欲しい〟と請い、〝このことは楫取にも知らせてある〟と述べている。

木戸は翌三日に龍馬と面談するため、下関に行くことを明言し、迅速な対応を見せている。木戸は龍馬来関の報に接するとすぐに下関へ、さらに必要に応じて太宰府への出張も可能とする「右御用有之《これあり》赤馬関へ被差越《さしこされ》趣《おもむき》に寄《より》筑前太宰府迄被差越候事」（閏五月三日、『防長回天史』七）との藩命を獲得していた。これはあらかじめ、藩要路に根回ししていた結果である。なお、この対応は木戸が楫取から〝薩摩藩が長州藩との連携を志向しており、龍馬は長州藩探索のために薩摩藩から派遣された〟との説明をすでに受けていたことによる。

岩国・吉川経幹との融和を図り、藩論統一を目指している木戸が、その渦中の大切な時期にもかかわらず、龍馬との面談を優先したのは、非公式ながら龍馬が薩摩藩から派遣されていたからである。龍馬個人のキャラクターや既知の関係であったという事実は、この際は関係なかった。そして、龍馬から薩摩藩の事情をじゅうぶんに確認し、間違いなければば太宰府に出向いて三条実美に謁見し、薩長融和の仲介を依頼しようとの意向が垣間見られる。また、龍馬が三条の従者である黒岩を同行していることも、木戸にとっては好都合だった。木戸はこの機会を捉え、一気に薩摩藩と提携できる可能性に賭けていた。

六月一八日頃、英国人が情報探索のために来関した際、通訳として同行した越前藩士・瓜生三寅《うりゆうみとら》が七月以降に木戸に会い、龍馬との面談について直接聞いた話の内容が、肥後藩の探索書に記載されている。それによると、瓜生が龍馬との面談内容を木戸に尋ねたところ、木戸は龍馬から、薩摩藩が海軍を興す予定であり、龍馬自身も関わっていることを聞いたという。また、長州藩の薩摩藩への考えを問われたことに対し、木戸は薩長提携に前向きな姿勢を示したところ、龍馬も同意した、と答えた。

また、木戸は龍馬から、「薩《さつ》は総而《そうじて》滅幕《めつばく》之論《のろん》と被察候《さつせられ》」（『改訂肥後藩國事史料』六）と、薩摩藩の方針が「滅幕」（抗幕、廃幕）との印象を受けたことも重要である。次章で述べる、西郷の来関情報に踊らされて、太宰府行きはなし得なかったものの、木戸の当初の目的であった龍馬との面談は、薩長融和の意向に加え、薩摩藩の抗幕姿勢を確認できたこともあいまって、成功裡に終わったと言えよう。

第八章　「西郷すっぽかし事件」と名義借り
――龍馬の実像探索

西郷・木戸会談の要請

慶応元年（一八六五）五月一六日、征夷大将軍・徳川家茂《いえもち》は長州再征のため江戸を進発（戦場などに向かって出発すること）した。大久保利通《としみち》の上京前であり、小松帯刀《たてわき》、西郷隆盛《たかもり》、大久保が三人そろって不在の京都では、家老・島津伊勢《いせ》を中心とする薩摩藩の在京要路は大きな不安を抱いていた。そこで岩下方平《みちひら》が、四月三〇日の段階で自分たちの手には負えないとして、大久保と西郷に至急の上京を要請していたのだが、将軍の進発が開始されると待ったなしの心境に追い込まれた。

五月二四日、岩下らは小松・西郷らの上京を促すため、鹿児島に帰藩する決断を下したが、その際に土佐藩脱藩浪士の中岡慎太郎《しんたろう》、土方楠左衛門《ひじかたくすざえもん》らを同伴することになった。中

図7　木戸孝允　　国立国会図書館蔵

岡らが薩摩藩の要路に対し、西郷の上京の途中に「馬関に立寄、桂小五郎《こごろう》（木戸孝允《たかよし》）と面会為致《いたさせ》、篤《とく》と前途の見込を付け両藩同心協力を以て大に尽力致度《いたしたく》」（『回天実記』二）と、西郷・木戸会談を提案したことが西郷すっぽかし事件の契機となった。

　西郷・木戸会談という中岡らの提案は、四月三〇日に下関で中岡が木戸と会談した際に、薩長融和に対する木戸の反応がまんざらでもなかった事実が反映している。中岡はすでに薩長融和に向けた薩摩藩の動向を熟知しており、木戸の長州藩政への復帰を大きな好機として捉えたことは想像に難くない。中岡らの提案に対し、岩下らも賛同したのであろう。しかし、岩下方平の鹿児島への帰藩目的は、あくまでも小松、西郷らの上京を促すことであり、そもそも、岩下が中岡らの提案を許可できる立場になく、真摯に受け止めたとは言い難い。

土方楠左衛門は閏《うるう》五月三日から下関に滞在し、六日に木戸と面談する機会を得た。土方は「此度、西郷吉之助薩州より上京懸け当地に立寄候手筈に付、当藩にても城壁なく腹心を以《もっ》て篤と相談を遂け申度、既往之小忿《しょうふん》は国家の大事に難換《かえがたく》は勿論、将来両藩提携を以て尽力有度」と木戸に申し入れた。西郷が一〇日前後に到着するので面談して、これまでの経緯を超えて国家のため、薩長融和のために尽力して欲しいと土方は強く主張した。これに対する木戸の反応は分からないが、七、八日を含め三日連続で土方と会談している事実から、大いに乗り気であったことがうかがえる。

西郷来関へのそれぞれの思惑

なお、土方は薩長和解がようやくまとまり、自分の用は済んだと述べ、五卿へ報告するためとして、九日に下関をあとにしている。西郷が間もなく到着しようという段階で、薩長融和がまとまったとするのは時期尚早で、土方の急な出発の真意を解き明かすことはできない。そもそも、西郷の来関は土方の希望的観測に過ぎず、しかも、その期日を一〇日前後としたのも土方の推断であった。連日の会談で木戸から言質を求め続けられたことによって、土方は下関に滞在しづらくなったのかもしれない。

ところで、慶応元年（一八六五）閏五月五日に土方と再会した龍馬の書簡（渋谷彦助宛、同日）には、木戸の復帰による長州藩の変化を喜んでいるものの、西郷の来関については一切触れていない。龍馬も、土方の発言だけでは確信を持てなかった感は否めない。木戸も龍馬も、西郷の来関を期待していたものの、半信半疑であったと考える。さらに、蓑田新平・渋谷彦介書簡（西郷宛、閏五月一四日）においても、西郷の来関については全く触れられていないのは不自然である。推測の域を出ないが、土方が渋谷らにはその件を伝えていない可能性を指摘したい。

この問題を薩摩藩側からも検討しておこう。小松書簡（大久保宛、閏五月一五日）によると、〝岩下方平が閏五月六日に帰藩し、将軍進発は間違いないとして、要人の上京を依頼してきたが、岩下の出発前に大久保が京都に到着していれば岩下が帰国する必要はなかった。その後、岩下から島津久光に対して中央政局の情勢を詳細に言上したところ、なお検討すべしとの沙汰があった。大久保一人でじゅうぶんであるが、一人よりは二人の方が大きな力になると判断したため、西郷も派遣する〟と伝えている。小松帯刀から中央政局に対する切迫した心情は全く感じられない。薩摩藩としては、積極的な周旋を行うつもりが毛頭なかったことがうかがえる。

西郷は本当に木戸をすっぽかしたのか？

西郷の京都への派遣は、岩下の報告を受けた久光の意向が大きく反映された結果であり、大久保からの書簡による懇請に応えたとされる通説には根拠がない。そもそも、この通説の根拠とされる大久保書簡の存在を筆者が調べた限りでは確認することができなかった。さらに慶応元年（一八六五）閏五月一八日、西郷が佐賀関《さがのせき》（大分県大分市）に到着した際、大久保から至急上京を求める書簡が届いたため、馬関に立寄っての木戸孝允との会談をキャンセルしたとする通説も疑わしい。その理由は、薩長の正式な連携であれば、薩摩藩の藩是に関わる重要事項であるにもかかわらず、前述した小松の書簡では全く触れられておらず、最高意思決定者である久光は大久保以外の派遣を検討させたに止まっていること、そして大久保の京都での周旋状況から、西郷が至急に上京しなければならない情勢になかったことが挙げられる。そもそも、この西郷に届いたという大久保からの書簡も存在を確認できていないのだ。

中岡慎太郎による西郷に対する木戸との会見の提案はあったものの、薩摩藩・西郷は時期尚早と捉えたのではないか。最初から西郷は木戸と会見する意向は全くなく、予定通り京都に向かったものであろう。つまり、通説とされている「すっぽかし」には当たらない。

西郷・木戸会見は、中岡と土方が勇み足的に計画して進めたものであり、確かに薩摩藩は岩国の吉川経幹《つねまさ》を通して長州藩への接近を図りつつあったものの、長州藩の内紛後の情報にも乏しく、とても積極的にアプローチする段階ではなかった。ましてや、下関に西郷を送り込むことは憚《はばか》られたであろう。

長州藩の木戸にしても、こうした中で西郷がいきなり藩内に乗り込んでくることに対して、半信半疑であったことは想像に難くない。ましてや、その情報源が五卿の従者に過ぎない土方であり、木戸が期待をしたことは事実としても、どの程度この情報に信を置いていたかについては疑問が残る。なお、西郷に梯子《はしご》を外された木戸が激怒したとされるが、これは土方の明治以降の後日談でしか確認できず、どこまでが事実であるかは断定できない。

長州藩の武器調達に龍馬は役に立ったのか

薩長融和のスタートとされる長州藩の武器調達に、龍馬が実際にはどのように貢献したのかを見ていこう。

武器については、幕府は安政《あんせい》六年（一八五九）の開港当初より、諸藩が自由に購入することを許可していたが、文久《ぶんきゅう》三年（一八六三）七月以降、これを事前の届け出制にしている。また、軍艦については、文久二年七月以降、諸藩の購入を許可したが、神奈川奉行、長崎奉行、箱館奉行経由による注文とした。このように幕府は諸藩の武器や軍艦の購入を認めていたが、いずれも結果として幕府の了解がつねに必要であった。こうした制約下で、朝敵扱いとなった長州藩は、軍需品の調達に一層困難を極めていた。

慶応元年（一八六五）閏五月二一日に中岡慎太郎が来関し、西郷隆盛が上方へ直行したとの報が長州藩にもたらされた。西郷が来関しなかったことは仕方ないとして、木戸孝允は何とか武器の調達を図るべく、薩摩藩の名義貸しに期待をかけ、龍馬と中岡にその斡旋《あっせん》を依頼した。そして、あとの事は井上馨《かおる》、伊藤博文《ひろぶみ》に託して二七日に山口に戻った。武器の斡旋は龍馬から言いだしたという通説と違って、木戸が龍馬に依頼したのだ。

伊藤の書簡（木戸宛、六月二日）によると、「良馬（龍馬）、誠之助（中岡）両人上京之節彼《か》の蒸気船買求之《かいもとめの》義及談判《ぎだんぱんにおよび》候処、何辺尽力仕候而《つかまつりそうろうて》被行《ゆかれ》候事に候へは、良馬帰関可仕《つかまつるべく》と約束仕置《つかまつりおき》候」（『木戸孝允関係文書』一）とあり、軍艦購入での薩摩藩への名義借りを伊藤が依頼し、龍馬と中岡が承諾していることが分かる。さらに、名義借りに成功した場合は龍馬が下関に戻ると約束している。龍馬と中岡は二九日に下関を後にして上京を開始した。

伊藤は別の書簡（前原一誠《いっせい》宛、六月二七日）で、武器購入について、長州藩政府の早期許可を依頼しながらも、国内での購入が困難であるとして、上海や香港まで渡航して入手する意向を示している。伊藤は龍馬の周旋に不安を感じていたのかもしれない。

今までの通説では、「龍馬らの上京は西郷から名義貸しの承諾を得るため」であり、「その周旋は成功した」とされる。しかし、龍馬らは伊藤の依頼の有無にかかわらず、上京して長州藩の情勢探索の結果を西郷らに報告する義務があった。こうした政治的判断を下せるのは島津久光《ひさみつ》を除いては小松帯刀しかおらず、薩摩藩の内情をよく知る龍馬にとっては、まず掛け合う対象が小松であることは自明であった。しかし、小松が上京しておらず、まずはその可能性を西郷から探ろうとした程度であったと考えるのが妥当であろう。

六月二四日、龍馬らは京都の薩摩藩邸で西郷と会見した。会談内容そのものが分からないため、その場で名義貸しの何らかの交渉があったのかどうかも分からない。仮にあったとしても、そもそも、こうした高次な政治判断を西郷ができる立場（この時西郷は、大番頭・役料高一八〇石であった）にはまだなく、明確な回答ができなかったことは明らかである。龍馬が次に長州藩に向かうのは九月下旬であるが、結果として、伊藤との約束を反故《ほご》にしている。この通り、龍馬らが本件でじゅうぶんに周旋したとは考え難く、どの程度名義借りについての成算があったのか、かつ当初から本腰を入れて周旋する意思があったのかははなはだ疑問である。

長州藩、自ら武器調達に動く

では、長州藩がどのようにして武器を手に入れるに至ったのかを見ていこう。木戸孝允は軍艦、武器が購入できる見込みがない閉塞した現状を打開するため、これまで内々に薩摩藩に話を通していたこともあり、井上馨、伊藤博文を長崎に派遣し武器購入に尽力させることにした。さらに、万策尽きた場合は上海に渡航し購入させる決断をし、藩政府にこの独断専行を事後報告した。龍馬の周旋状況が不確定な段階で派遣を決めたことになり、木戸の焦りが分かる。

井上らは、たまたま京都から来関していた三条実美の従士・楠本文吉を伴い、慶応元年（一八六五）七月一六日に下関を出発、一七日に太宰府に到着して土方楠左衛門を訪ね、薩摩藩士への紹介を依頼した。土方の計らいで翌一八日には薩摩藩の篠崎彦十郎《しのざきひこじゅうろう》、渋谷彦助と会談し、武器購入に長崎に赴くための薩摩藩の通行手形を依頼し、長崎在番の市来六左エ門《いちきろくざえもん》宛の紹介状まで入手することが叶った。

薩摩藩士の同行は、大宰府《だざいふ》には少人数しかいないために断られたが、その際、家老の小松帯刀が長崎に滞在中であり、名義借りについては都合が良いとの言質《げんち》を得た。なお、篠崎と渋谷はきわめて好意的に井上らを迎えており、大宰府の在番藩士を始めとして、薩摩藩が薩長融和に向けて大いに積極的であることがうかがえ、井上らもそのことを肌で感じ取ることができた。武器だけでなく軍艦購入についても、井上らは可能ではないかと自信を深めた。

名義借りに成功したのは誰？

慶応元年（一八六五）七月一九日、井上と伊藤は五卿に謁見した後、再び楠本を伴って長崎に向かった。二一日に到着すると、薩摩藩の市来六左エ門を早速訪ねて事情を話し、小松との会見を実現させた。薩摩藩の筆頭家老で久光の唯一の名代的存在である小松が長崎に滞在していたこと自体、井上らにとって驚くべき僥倖《ぎょうこう》と言えよう。井上らが武器購入に関連し、小松に名義借りを願い出たところ、思いの外あっけなく小松は了解した。そして井上らは武器商人のトーマス・グラバーと交渉して必要じゅうぶんな武器（銃）を入手することができた。さらに、軍艦についても、意外にも小松の同意を簡単に獲得できた。

小松は長州藩への支持は薩摩藩のためでもあり、幕府の嫌疑などには見向きもせず、どのような尽力でもすると約束した。伊藤は、長州藩の銃購入が速やかに運ぶことに加担するにあたり、幕府の嫌疑を忌避するような態度を小松が全く見せず、さらに今後も力の及ぶ限り、長州藩のために尽力する旨、小松が明言したと藩政府に伝えた。伊藤は小松を「余程よき人物と賞居《ほめおり》申候」（『木戸孝允関係文書』一）と評しており、きわめて高い信頼と評価を寄せている。この七月二一日の小松と井上・伊藤会談は、現実的な薩長融和に向けたスタート地点と位置付けられ、きわめて重要である。

なお、井上は八月一日に小松とともに鹿児島に到着し、その後二〇日間にわたって滞在した。その間、桂久武《ひさたけ》、大久保利通、伊地知貞馨《いじちさだか》ら薩摩藩の要人と会談を繰り返し、これまでの両藩間の隔たりをなくして、皇国（日本）のために薩長の連携が必要であるとの意見で一致した。長州藩士として初めて、薩長融和にむけて鹿児島で活躍したのが井上であり、このことは注目に値する。

薩長融和へ、長州藩の期待

さて、名義貸し成立の歴史的意義についても言及しておこう。長州藩には薩長融和に向けた大きな期待が存在した。大村益次郎《おおむらますじろう》は「此度小銃相求候に付ては薩と和する之好機会、小銃は御手に入り和は相調ひ」（『大村益次郎史料』）と、小銃入手が薩長融和に向けたまたとない機会と捉え、武器も手に入り一石二鳥であると木戸に喜びを伝えた。また、薩長融和に慎重であった広沢真臣《さねおみ》も薩長融和に大きな期待を寄せ、木戸の周旋に謝意を伝えた。さらに、藩政府トップの山田宇右衛門《うえもん》は銃の到着を歓迎し、薩長融和が政治レベルのみならず、経済レベルでも促進することを期待した。

また、藩主・毛利敬親《たかちか》・広封《ひろあつ》父子は島津久光・茂久父子に九月八日に礼状を送付した。その中で、両藩のこれまでの確執については、「千万御気毒之処奉存《ぞんじたてまつり》候」（『玉里島津家史料』四）と心情を吐露した。そして、〝長州藩は幕府の外国との対応が不行届きとなり、人心が動揺して朝威も衰退したと考え、朝廷のために尽力したが、何かにつけ齟齬《そご》も多く、忠誠心も貫徹できずに現在の状況に至って残念である〟と嘆息した。

さらに、「此度貴国江《へ》罷出候家来之者より御様子委細致承知《しょうちいたし》、万端及氷解《ひょうかいにおよび》候、於貴国《きこくにおいて》勤王之御正義殊更御確守《かくしゅ》之由、実以《まことにもって》欽慕《きんぼ》之至候」と述べ、薩摩藩が勤王に殊更まい進する様子を井上からうかがい、この間のわだかまりは全て氷解して欽慕（敬い慕う）していると最大限の賛辞を贈っている。その上で、一層の両藩の厚誼《こうぎ》を依頼し、詳細は近藤長次郎《ちょうじろう》より聞き取って欲しいと懇請した。鹿児島で井上が受けた厚遇に対する礼状という形式を取りながらも、ユニオン号の購入を依頼した近藤長次郎に手紙を託すことでさらなる斡旋を期待している。

また、長州藩内で九月九日に「他国船入港の取り締まりは、厳重にするよう沙汰しているが、薩摩藩とは取決めができたため、薩摩藩所有の軍艦、商船が入港した際は万事手厚く取り扱い、薪水その他、欠乏品の購入希望があった場合は、売り渡すように」との達しがだされた。これは長州藩による薩摩藩船への過度な気遣いを示している。このように、長州藩からも関係改善を持ちかけており、薩長両藩のトップレベルが融和促進を企図していたことは間違いない。

第九章　龍馬の長州藩派遣と薩長融和の促進

――交渉人・龍馬の凄み

巻き返しを狙う幕府

慶応元年（一八六五）から龍馬は薩摩藩士として活躍を始めたが、その動向は当時の政局から大きな影響を受け続けた。最初に、龍馬にとって大きなターニングポイントとなった慶応元年の政治動向を概観しておこう。

第一次長州征伐において、幕閣は長州藩が戦うことなく解兵条件などを受け入れたことから過信し、一月一五日、老中・水野忠精《ただきよ》は長州藩に対する今後の対応は江戸において行い、征夷大将軍・徳川家茂《いえもち》の進発も取り止めることを知らせた。

二五日には前年九月の参勤交代・諸侯妻子在府復旧令の厳守を諸大名に沙汰し、二月一日に姫路藩主・酒井忠績《ただしげ》が大老に就任するなど、幕府の体制を強化した。さらに、幕府は征長総督の徳川慶勝《よしかつ》に対し、繰り返し毛利父子、五卿の江戸送還を命じていた。こうした幕府の動向に対し、朝廷や一会桑《いっかいそう》勢力、西国雄藩からは痛烈な幕政批判が沸き起こった。

幕閣は現状の打破を目指し、まずは幕府の出先機関でありながら、朝廷と癒着して江戸の幕府本体を蔑《ないがし》ろにしている一会桑勢力を中央政局から離脱させることを画策した。そこで、老中の本荘宗秀《ほんじょうむねひで》と阿部正外《まさと》は計三〇〇〇の幕兵を率いて、二月五日、七日に相次いで上京し、禁裏御守衛総督・一橋慶喜《よしのぶ》の東帰（江戸への帰参）、京都守護職・松平容保《かたもり》と所司代・松平定敬《さだあき》の罷免の実現を目指した。その上で、諸藩の勢力も京都から駆逐し、幕府が中央政局を制圧して将軍の上洛取り止めを、朝廷に伝達することを最終目的とした。

しかし、二月二二日に両老中が参内したところ、薩摩藩の意向を踏まえた関白・二条斉《なり》敬《ゆき》によって慶喜の東帰および将軍家の上洛取り止め等につき詰問、叱責を受け、顔面蒼白となり回答に窮した。本荘は摂海防御のため大坂へ、阿部は将軍家の早期上京を周旋するために江戸帰還を朝廷から沙汰される始末であった。そして、「三月二日御沙汰書」が幕

（26）幕府は文久二年（一八六二）に大名の参勤交代の緩和とその妻子の帰国を認めたが、元治元年（一八六四）九月に、元に戻すと布告した

府に公布された。これにより、参勤交代・諸侯妻子在府の復旧および毛利父子・五卿の江戸送還の中止が確定した。

幕府権威の失墜

こうした逆風の中で、幕府は事態を好転させるため、とうとう慶応元年（一八六五）五月一六日に長州藩の征伐を目的として、将軍・家茂が江戸城を進発した。陸路で閏《うるう》五月二二日に入京、参内して、二五日には大坂城に入った。こうして、江戸と京都に分断されていた幕府機構は畿内政権とも言える政治体制を敷くことになった。

幕閣は一会桑勢力とは融和を成し遂げたが、一方で長州藩の支藩の藩主や長州藩家老に大坂へ召還する幕命を発したものの、それを無視されて政局は膠着《こうちゃく》状態に陥っていた。そもそも長州藩の処分について、幕府は将軍が進発したという報に接すれば、長州藩はその威光に屈して、すぐに服罪の使者を大坂に派遣するものと考えていた。進発はしたものの、当初から幕府が武力発動に消極的であったことは否めず、幕府権威のさらなる失墜を招く結果となった。

しかし、これ以上の現状放置は許されず、九月一六日、家茂は征長勅許を得るために大坂から上京した。これは、長州藩が病気を理由に支藩主などの召喚に一切応じない現状を、朝廷の権威によって何とか打破しようとする窮余の策であった。一会桑勢力は勅許を獲得すべく、二条関白や朝彦親王へ働きかけを繰り返し、さらに会津藩士・広沢安任《やすとう》、桑名藩士・森弥一左衛門《やいちざえもん》、久留米藩士・久徳《きゅうとく》与十郎《よじゅうろう》、土佐藩士・津田斧太郎らも朝彦《あさひこ》親王に謁見し、勅許が叶うように盛んに建言した。そして、二二日零時に至って、長州征伐がようやく勅許された。

通商条約がついに勅許される

このタイミングで、幕府に追い打ちをかける事態が発生する。慶応元年（一八六五）九月一六日、英国公使ハリー・パークスら英仏蘭米の四国代表者が三条件（四国連合艦隊による下関砲撃事件(27)の賠償金三〇〇万ドルのうち三分の二を放棄する代わりに、①大坂と兵

(27) 元治元年（一八六四）八月、英・仏・蘭・米の四国連合艦隊が長州藩の下関砲台を攻撃した事件。前年の長州藩の攘夷決行（67頁）の報復措置として行われた。欧米列強の力を目の当たりにした長州藩は即時攘夷を捨てて未来攘夷へと転換する

庫の早期開市、開港、②通商条約の勅許、③輸入関税の引き下げ）を要求するため、軍艦九艘（英五艘、仏三艘、蘭一艘）を率いて兵庫沖に来航したのだ。薩摩藩は諸侯を上洛させ、その衆議によって対応を決定すべきであるとの建白を行ったが、一橋慶喜の政治力によって朝議で退けられた。

一〇月五日、兵庫開港は不可としたものの、通商条約は孝明《こうめい》天皇によって勅許された。安政《あんせい》五年（一八五八）の調印以来、我が国を内乱寸前の状態に陥れた条約問題は、ようやく七年の時間を費やし勅許されたことになる。ここに、即時攘夷は否定され、未来攘夷に収斂《しゅうれん》した。

なお、この間の混乱で老中の阿部正外と松前崇広《まつまえたかひろ》は失脚し、幕閣体制は一新された。幕府は慶応元年一〇月九日、老中格の小笠原長行《おがさわらながみち》を老中に、翌一〇日に慶喜を政務輔翼《ほよく》に、また二二日に備中松山藩主の板倉勝静《かつきよ》を老中に任命した。こうして幕府は板倉・小笠原体制を確立し、一会桑勢力と協調しながら第二次長州征伐にまい進することになる。

薩摩藩の抗幕姿勢

長州再征と条約勅許をめぐるごたごたの中、薩摩藩は抗幕姿勢をより鮮明とし、近衛忠《このえただ》房《ふさ》、正親町三条実愛《おおぎまちさんじょうさねなる》と結んで長州再征の勅許反対および条約勅許をめぐる衆議のための諸侯召命の周旋を猛烈に行った。そのため、二条関白や朝彦親王の不興を買い、さらに幕閣や一会桑勢力から甚大な嫌疑を受けることになった。

朝廷や幕府からの嫌疑はもちろんのこと、薩摩藩の思惑をはるかに超えて、外国勢力からも薩摩藩は疑惑の目を向けられることになり、大きな問題へと発展する。とくにパークスから、条約勅許そのものを反対していると捉えられたことは想定外の事態であった。そのため、薩摩藩は英国と至急の関係修復を図り、翌慶応二年（一八六六）六月、パークスの鹿児島訪問となった。

龍馬、西郷と共に長州へ

慶応元年（一八六五）九月、長州征伐の勅許阻止に失敗した在京の薩摩藩要路は、あくまでも諸侯招集の実現に固執していた。西郷隆盛《たかもり》、大久保利通《としみち》、吉井友実《ともざね》らは西国雄藩の諸侯を京都に参集させ、これによって長州再征を阻止し、あわせて通商条約の勅許問題の解決を画策するつもりであった。島津久光《ひさみつ》、松平春嶽《しゅんがく》、伊達宗城《むねなり》の上京を促すことにし、九月二四日、大久保は福井、西郷は鹿児島、吉井は宇和島に手分けして出発した。

本来であれば、ここに土佐藩の山内容堂《ようどう》が入ってしかるべきであるが、容堂の招請は見送られた。宗城書簡（春嶽宛、一〇月一四日）によると、「狼兄（山内容堂）方へも坂下《ママ》龍馬馳下事情陳論可致《いたすべき》と存候」（『續再夢紀事』四）との驚くべき記載がある。〝薩摩藩は我々同様に容堂に対しても使者を派遣する〟とし、それが龍馬であると明言している。つまり、龍馬は土佐藩への使者として、一時的に候補になった可能性があるのだ。

しかし、龍馬は長州藩への使者となる。これは、土佐藩にとって龍馬が脱藩中で然るべき使者と見なされなかったこともあるだろうが、長州藩への派遣が緊急の課題となったため、見送られたと考える。その目的は、率兵上京《そつぺいじようきよう》に関わる粮米《ろうまい》（船中での食料米）の借用にあったが、同時に、再征勅許の阻止に薩摩藩が奔走する動向をあえて示すことによって、長州藩へのさらなる接近を図った点にあろう。

西郷は龍馬を伴って大坂を出発し、九月二九日に上関《かみのせき》（山口県熊毛郡上関町）に到着後、龍馬は西郷と別れ、一〇月三日に三田尻に到着した。そこで楫取素彦《かとりもとひこ》と五月の太宰府での面談以来、二度目の邂逅《かいこう》を果たした。この龍馬と楫取の繋がりが歴史を回転させる。龍馬は中央政局の政情を詳しく語り、西郷からの粮米の借用という依頼内容を伝えた。

楫取は芸州藩に赴く予定を取り止め、山口に龍馬を同行して戻り、藩政府に粮米の借用の件を報告すると同時に、広沢真臣《さねおみ》、松原音三を龍馬に引き合わせた。龍馬は、長州再征の勅許が下されてしまったが、これに対して、薩摩藩はよほど尽力したものの、差し止めることができなかった。よって、この上は薩摩藩の兵力を背景にして、争ってでも幕府を諫《いさ》めるために、西郷が海路鹿児島に帰藩した上で率兵して再度上京することになった。その際に、下関において長州藩から粮米を借用できるようにするため、薩摩藩より派遣されたという経緯を説明した。

長州藩の素早い対応

藩政トップの御用所役・手元役兼務の山田宇右衛門《うえもん》は、楫取からこの内容を聞き及び、粮米借用についてのじゅうぶんな対応を求められた。山田は直目付の柏村数馬《かしわむらかずま》にその件を伝え、柏村は直ちに同じく直目付の林良輔に、さらにその足で長州藩世子の広封のもとに赴き、その情報をもたらした。長州藩の要路間に、龍馬からの情報はあっという間に広まり、藩政府はきわめて敏速な対応を示したのだ。

山田らは下関にいた木戸孝允《たかよし》に書簡を発して龍馬の来訪を告げ、粮米の手配について北條瀬兵衛とも相談の上、至急確実に実行するように依頼した。さらに追伸として、北條が不在時の進め方まで示しており、その用意周到さには驚かされる。広沢真臣は木戸に対し、この決定について、〝他藩の助けがあろうとなかろうと決戦の覚悟は不動である。しかし、実際に皇国内乱の際、朝廷のために尽力する列藩は薩摩藩を始め岡山、芸州藩等であり、これらの藩とはなるべく結びつきを持っておきたい〟と申し送った。

「非義勅命」

龍馬からの情報にここまで迅速に対応した背景として、龍馬が持参した大久保利通の書簡（九月二三日、西郷宛、『大久保利通文書』二）の写しの存在が重要である。ここには、大久保による長州再征の勅許に断固として反対する、徹底した周旋の状況が記されている。とくに重要なのが、「非義之勅命《ひぎのちょくめい》ニ而《て》、朝廷之大事ヲ思列藩一人も奉し候ハす、至当《しとう》之筋を得天下万人御尤と奉存《ぞんじたてまつり》候而こそ勅命ト可申《もうすべく》候得は、非義勅命ハ勅命ニ有らす候故、不可奉《たてまつるべからず》所以《ゆえん》ニ御坐《ござ》候」の部分である。天下万民が至当（至って当然のこと）と判断しない勅許は非義の勅命であって、諸藩は奉じないとまで言い切っており、長州藩内においてもこの大久保書簡の写しの存在によって、「非義勅命」という文言があっという間に喧伝された様子がうかがえる。

例えば、龍馬を同道した楫取は木戸に対し、〝幕府は虚勢を張り、朝廷は微力であり、誠に嘆かわしい限りである〟と、再征を認めた非義の勅命の無効を訴える。そして、〝非義の勅命は朝廷が徳を失ったことを世間に暴露することになり、天皇の威光にも疵が付く〟として、〝国家のために薩摩藩の尽力を大いに期待する〟と伝えた。このように、龍馬が持参した長州再征の勅許の情報は、瞬く間に長州藩内に拡散し、より一層の警戒感を煽り、武備充実への決意をかき立てた。同時に、「非義勅命」を批判する大久保書簡の写しによって、薩摩藩の周旋の状況が判明したため、薩摩藩への信義の回復と周旋尽力への依頼が飛躍的に高まった。こうした機運は、薩長融和へ向けたさらなる大きな一歩となった。

幕府の長州藩尋問

さて、慶応元年（一八六五）九月二一日に長州再征の勅許を獲得した幕府であるが、ようやく一一月六日に、藩主・毛利敬親《たかちか》・広封《ひろあつ》父子の解兵条件の履行などに関する尋問のため、大目付・永井尚志《ながいなおむね》、目付・戸川忠愛《とがわただなる》、松野孫八郎を広島に派遣した。一一月二〇日、永井らは国泰寺において長州藩使者・宍戸璣《ししどたまき》を尋問し、翌二一日には尋問書を渡して答申を求めた。尋問内容は、藩主が萩でなく山口に滞在していること、山口城を修理したこと、武器を外国商人から購入したこと、大坂まで使者を派遣しなかったことなど多岐にわたった。

二四日に至り、宍戸は答弁書を提出して藩の事情を陳情するとともに、再征の方針を非難し、藩を挙げて断固として屈しないとする姿勢を示した。また、一一月晦日《みそか》（末日）には長州藩使者・木梨彦右衛門《きなしひこえもん》および諸隊の代表である河瀬真孝《かわせまさたか》（石川小五郎）、井原小七郎、野村靖《やすし》を国泰寺《こくたいじ》で同様に尋問した。永井の一連の尋問は、きわめて穏便なやり取りに終始しており、これは大坂城にいる幕閣の当初からの方針通りであったが、その後、一会桑勢力との齟齬《そご》を生じる要因となった。一二月一一日、永井は尋問の終了を告げて、一六日に広島を出発し、一八日に大坂城において尋問の顛末《てんまつ》を報告した。

龍馬、再度の長州派遣

こうした中で、龍馬の二回目の長州藩派遣がなされた。龍馬は永井らの動向に関する情報収集および長州藩の状況探索のため、慶応元年（一八六五）一一月二四日に大坂を出発、二六日には上関に上陸し、下関に着いたのは一二月三日であった。龍馬は一緒に大坂を発った薩摩藩の岩下方平《みちひら》、吉井友実と、一〇日後の一二月一三日頃に上関で再会し、そのまま上京する予定であった。

薩摩藩の家老である桂久武《ひさたけ》の日記（一二月一三日条）によると、桂は上関に午後一〇時頃に到着し、龍馬と会う約束があったので、中津権右衛門と木藤市助を上陸させた。龍馬は近々にこのあたりにやって来るつもりで、人馬の手当もしていたのだが、現れなかった。下関に木戸が滞在しているため、そのあたりまで出向いているかもしれないが、結局、詳細は分からないまま、中津らはむなしく帰船した、という記載が見られる。

龍馬の不在により、永井らの動向や尋問を受けた長州藩の状況が分からなかったため、桂は翌一四日に上関在番の役人に尋ねた。しかし、はっきりとした回答は得られず、「国中人気死を決し、少も動揺之形無之、常之様鎮《しずまり》居、少しも遺憾なし」（一二月一四日条）と、藩内の臨戦態勢の雰囲気のみが分かった程度であった。

一方で龍馬は、次章で詳しく述べるユニオン号事件に下関で巻き込まれており、桂らとの合流は叶わなかった。そのため、岩下、吉井宛に書簡を出した。龍馬自身は上関に戻れないので代理を探したところ、最近入港した薩摩船には知人が乗っておらず、幸い黒田清《きよ》隆《たか》が下関に滞在中だったので上関行きを依頼した。しかし、黒田も下関をまだ離れられないとのことなので、上関へ行けない事情を了解して欲しい、と申し送った。そしてさらに、黒田とともに上坂するつもりであることを告げた。

同書簡の後半で、龍馬は長州藩の状況を探索したところ、〝幕府大目付の永井尚志は長州藩政府と諸隊の離間策を採っており、幕府がいずれかに加担して長州藩を制圧する目論見である〟との認識を示し、さらに永井らに同行した近藤勇ら新選組の動向まで伝えている。その上で、〝長州藩は上下一致して兵威も盛んであり、やはり、長州藩との連携を第一にすべきである〟とし、〝詳細は上京後に話す〟と結んでいる。

龍馬は「薩摩藩士」として、長州藩およびそれに付随する情報を薩摩藩要路に伝える重要な役割を継続して果たしており、長州藩にとっても、薩摩藩を頼る状況下では、きわめて貴重なパイプ役であった。薩長間の連携は、間違いなく龍馬を核にして推進されていた。この直後の京都における小松帯刀と木戸孝允の歴史的な会談は、こうして龍馬によって下地が作られていたのだ。

第一〇章　盟友・近藤長次郎とユニオン号事件
——亀山社中はなかった！

龍馬のライバル!?　近藤長次郎

本書ではここまで、龍馬の人生を彩る人物を何人か挙げてきたが、本章では龍馬の盟友でありライバル的な存在とも言える近藤長次郎《ちょうじろう》について取り上げたい。近藤の実相に迫ることによって、龍馬伝説の見直しを図ることにも繋がるはずである。これまで、不当と言っていいほど、評価されてこなかった近藤の実像と、その事績を紹介しよう。

近藤は天保《てんぽう》九年（一八三八）三月七日、高知城下の水通町《すいどう》（高知市上町《かみまち》）で「大里屋《おおりや》」（餅菓子商）を営む商人伝次の長男として生まれた。これが後世、「饅頭屋長次郎《まんじゅう》」と通称される由来である。水通町は商人や職人が多数居住し、近藤はこの地で経済感覚やビジネスのノウハウを学んだ。幼年期から向学心が高く、家業の手伝いをしながら読書に勤しみ、

図8　近藤長次郎　　高知市民図書館蔵

叔父の門田兼五郎のもとで勉学に励んだ。大里屋は近藤より三歳年上の龍馬の生家にきわめて近く、幼少期から交流があったかもしれない。

安政《あんせい》二年（一八五五）、大里屋から近い築屋敷《つきやしき》にあった河田小龍《しょうりゅう》の塾に入門し、その後は神田村（高知市神田）の岩崎弥太《やた》郎《ろう》に師事した。安政六年、藩の重役・由《ゆ》比猪内《いいない》の従僕として江戸に留学し、儒学を安積艮斎《あさかごんさい》に学んだ。同年、父母が死去したため、急遽《きゅうきょ》帰国し家督を妹に継がせ、翌万延《まんえん》元年（一八六〇）に再び江戸に遊学して、洋学を手塚玄海、砲術を高島秋帆《しゅうはん》のもとで修学した。

近藤長次郎と薩摩藩の関わり

文久《ぶんきゅう》二年（一八六二）、近藤は勝海舟《かいしゅう》に入門した。龍馬も同年の一〇月から一二月頃の入門である（72頁）が、近藤もその頃とされている。長次郎の優秀さに関する情報は各地に広まり、諸藩からスカウトしたいとの申し出が勝に相次いだと言われる。文久三年、土佐藩から学問精励と能力の高さを評価され、苗字帯刀（武士の特権）を許されて近藤は士分に昇格した。文久三年一月に勝とともに上京し、六月下旬に神戸の勝私塾に入門して航海術を修業した。元治《げんじ》元年（一八六四）五月に神戸海軍操練所が開設され、近藤は「勝阿波守《あわのかみ》家来」として聴講生のような形で入所した（89頁）。

その後勝が失脚の憂き目に遭ったため、近藤たちは行き場を失い脱藩する。勝は薩摩藩に援助を要請、薩摩藩も軍艦への乗組員の不足に難渋していたことも相まって、近藤らは薩摩藩に取り込まれることとなった。元治二年二月一日、近藤らは安行丸で鹿児島に向かい、一八日から大乗院《だいじょういん》坊中威光院《いこういん》に居所を構えた（106頁）。この時龍馬は江戸に行っており、鹿児島への到着は五月となったが、そこで近藤らと同居したかもしれない。

久光が目を通した近藤の上書

筆者が近藤に注目する契機となったのが、島津久光《ひさみつ》への上書《じょうしょ》（元治元年〈一八六四〉一二月二三日、『玉里島津家史料《たまざと》』三）である。この史料は拙著『攘夷の幕末史』の中で初めて取り上げられたものだが、その際にこの上書を元治元年ではなく慶応元年（一八六五）のものであろうと指摘した。大坂藩邸内に匿われている浪人風情の近藤が、こともあろうに国父・久光に上書などできるはずがないとの見解に依った。しかし、再度、内容をよく見てみると、元治元年春に近藤が龍馬らと勝に同行した長崎訪問に言及があることから、年代は当初の元治元年で間違いないと今回考えを改めた。

ただし、鹿児島県歴史資料センター黎明館《れいめいかん》における現物の史料調査によって、「上杉宗次郎（近藤の変名）ヨリ久光公ヘノ上書」と題されたこの上書は『玉里島津家史料』の編者の推測で付された史料名であり、体裁等からしても久光宛の上書ではないとの結論に達した。しかし一方で、久光の手元に残った史料を編さんした『玉里島津家史料』に含まれていたことから、久光が目を通したことは間違いなく、久光に届けた人物の存在が考えられる。久光以外に上書する対象となるのは、当時在坂だった家老の小松帯刀《たてわき》である。近藤が小松に宛てた上書が示唆に富むため、小松から久光にもたらされたと考えるのが自然だろう。

では、あらためて近藤のその上書を見ていこう。

近藤の対外政略論

近藤は、現在の日本を、「内乱東西ニ起り、民心頗《すこぶ》ル不安、加之《これにくわえ》に異人駸々乎《しんしんこ》として軍艦を本邦ニ指し越し、旧約に違ふの箇条を責め、政府之所置ニより忽《たちま》ち戦を為す之形」であると記している。つまり、〝水戸天狗党の乱と禁門の変が東西で同時に起こり、人心はきわめて不安な状態にあり、それに加えて外国人が猛烈な勢いで我が国に軍艦を差し向けており、通商条約で決められたことが守られていないと幕府を責めたて、その対応如何によっては直ちに戦争に訴える情勢にある〟と分析している。

そもそも、「我か赫々《かつかく》為る神州ハ、四夷《しい》（東夷《とうい》、西戎《せいじゅう》、南蛮、北狄《ほくてき》）を来貢セしめ、威を海外ニ震《ふる》ひ、日々地を弘むるを以て祖宗之御志願と被遊《あそばさ》るゝ事明白也」と述べる。〝我が光り輝く神州（日本）は周囲の夷狄に朝貢させ、その威光は海外にとどろき渡り、継続して領土を拡張することが先祖代々の宿願であることは明白である〟として、〝日本は東アジアにおける華夷帝国である〟と主張する。その根拠として、「已《すで》ニ神皇后自ら海軍を率ひて三韓を征し、府を彼之国ニ立て、人を彼之国ニ居へ、互市《ごし》朝貢を監視す、若《も》し其之貢を怠れハ、忽ち兵を遣りて之を罰す」と、『古事記』『日本書紀』に記載されている神功《じんぐう》皇后の故事(28)を持

（28）仲哀《ちゅうあい》天皇の后で、応神《おうじん》天皇の母である神功皇后が行った朝鮮（新羅）出兵のことで、新羅《しらぎ》が降伏した後、百済《くだら》・高句麗《こうくり》も日本の支配下に入ったとされる

ちだしている。

そして、日本の国体は「攘夷鎖港」ではなく、古くから広く海外と往来しており、鎖国は徳川将軍家によって止むを得ず祖法化されたもので、家康がもう少し長生きしていれば鎖国政策をとることはなく、「今、日旭旗を五大州ニ翻《ひるがえ》し、今之英国抔《など》も来貢セしむる事必定也《ひつじょう》」と、〝日本国旗が世界中でたなびき、現在強勢を誇る英国なども朝貢していることは間違いない〟と言い切っている。また、鎖国に踏み切ったのは、キリスト教が広まることによって「人心を擾乱《じょうらん》し、不測之害を生セん事」を恐れたためであると、その由来を説明している。

今後の対外政略として、〝日本は世界と通商して国を富ませ、海軍を更張《こうちょう》すれば四夷を征服するには適した国土であり、まずは朝鮮に進出し、清の諸港に商館を置き、兵乱で疲弊している人民を助ければ、一〇年以内に清は日本に説き伏せられ、西洋征服への同盟に同意するであろう〟とも論じている。〝こうして清を従えた上で、黒龍江《こくりゅうこう》を超えてロシアに至り、ロシアと盟約を結んでその物産を黒龍江まで運んでもらい、日本船も黒龍江まで出向いて出貿易を行い、さらに上等な鉄を受け入れて、大小の銃を製造すべきである〟と征韓論、日露同盟論を展開しているのだ。

近藤の意図するところは、通商条約の容認を前提とし、天皇の権威向上を背景にした富国強兵、海軍振興に名を借りた未来攘夷の実現であり、征韓論、清やロシアと結んだ膨張政策、その後の東アジアに覇を唱える東アジア的華夷帝国の形成、そして世界を圧する国家への発展を目指すことを骨子としている。

さらに、近々の課題としてドックの建設、ロンドンへの留学生の派遣（選抜は身分差なしの徹底した能力主義）による海軍士官の養成なども提案している。薩摩藩・小松がこれ以降推進した小菅ドックの建設や薩摩スチューデント[29]の派遣を想起させる内容であり、本上書が何らかの影響を与えたと言っても過言ではなかろう。論理性や先見性に富んだ近藤の上書が、「近藤は使える」というインパクトを薩摩藩に与えたはずである。

亀山社中とは何か

ここで、亀山社中の実相と近藤の位置付けを考察したい。亀山社中とは、長崎市亀山社

（29）薩摩藩は富国強兵の人材育成のため海外渡航解禁以前の元治二年（一八六五）に、密航という形で留学生一五名を英国へ送り出していた。彼ら留学生を薩摩スチューデントと呼ぶ

中記念館のホームページによると、龍馬が〝慶応元年夏頃、薩摩藩や長崎商人・小曽根《こぞね》家の援助を受け、日本最初の商社といわれる「亀山社中」を結成しました。この団体は、龍馬らが最初に拠点を構えた地「亀山」と、仲間、結社を意味する「社中」をあわせてそう呼ばれました〟と紹介されている。さらに、〝亀山社中の最大の業績は、慶応二年（一八六六）に、長州藩のために薩摩藩名義で大量の小銃や蒸気船ユニオン号（桜島丸・乙丑《いっちゅう》丸）の購入・運搬に成功したこと〟とされている。果たして、その通りなのだろうか。

　亀山社中とは、慶応元年（一八六五）六月二六日に小松が長崎に到着した際、購入船（海門丸）の運用のために連れてきた小松の配下にある、龍馬以外の土佐脱藩浪士グループを中心とする一団を指している。期せずして、後述するユニオン号の運用も取り扱うことになったため、結果として、長州藩士に対して自分たちをグルーピングし、あくまでも「薩摩藩士の一団」として「社中」と名乗ったに過ぎない。なお、「亀山」というのは、明治以降に付け足されたもので後世の創作である。

再び、名義貸しについて

　ここで一旦話を、「薩摩藩の名義貸しによる武器の購入」に戻したい。このことは亀山社中の功績として大きく取り上げられることが多い。そして、〝社中のトップとされる龍馬が西郷の了解を取り付け、社中が長州藩に代わってグラバーと交渉し、購入から運搬まで行った〟とされているのだが、これには史料的な根拠がない。前述した通り（122頁）、慶応元年（一八六五）七月二一日、小松帯刀と井上馨《かおる》、伊藤博文《ひろぶみ》との歴史的会談によって、薩摩藩の名義貸しによる長州藩の武器の購入が決定したのである。

しかも、実際の武器購入の交渉は、伊藤らが直接グラバーと行っており、社中（正確には、この段階では社中とも名乗っておらず、土佐脱藩浪士グループであるが）は、伊藤らにグラバーを紹介したり、その身元保証を請け負うような援助をしている程度であった。そして、井上は小松に同道して鹿児島まで行き、軍艦購入の根回しをし、伊藤は長崎に残って銃の不足分の調達などに尽力して、井上が長崎に戻り次第、薩摩藩の軍艦に銃を積み込んで長州へ戻る段取りであった。ここに、社中の出る幕はない。

小松帯刀のお抱え、亀山社中

社中の実態を整理すると、今まで言われてきたような私設海軍、貿易結社にはほど遠く、薩摩藩、小松帯刀の下で、近藤長次郎や高松太郎のようにユニオン号など艦船の運用に従

図9 薩摩藩・小松帯刀

国立国会図書館蔵

事したり、白峯駿馬《しゅんめ》や陸奥宗光《むねみつ》のように長崎通詞《つうじ》・何礼之《がのりゆき》の英語塾で学んだりする、土佐藩を中心とする脱藩浪士の集団に過ぎない。社中メンバーの中には、「薩摩藩士」を名乗ることを許される者もいたが、多くは「小松家お抱え」として小松の存在に依拠していた。

社中の成立は、あくまでもユニオン号の帰属をめぐる経緯の中で偶然になされたもので、いわゆる私たちが思い描く「亀山社中」が存在したとは言い難い。この段階の社中が、後の龍馬の海援隊へと無媒介に繋がったとする連続性はナンセンスとも言える。また、彼らはこの段階では龍馬とは一切関係がなく、薩摩藩、小松の庇護の下、「社中」と自ら称したに過ぎない。そもそも、この時期には龍馬は長崎に居なかった。「亀山社中」は、龍馬伝説の一つである。

社中代表格・近藤長次郎

こうした経緯の中で、近藤は異彩を放っており、事実上、社中の代表格として井上の鹿児島行きに同行し、そのサポートにあたった。井上は近藤を同志として遇し、何事も相談して軍艦の購入や薩長融和に努めた。このように、近藤はこの時点で龍馬と比較すると同格以上の存在であり、龍馬とは違った形で薩長融和に尽力していたのだ。近藤の果たした役割を、過小評価してはならない。

近藤が中心となって武器を長崎から長州藩に運搬した際、驚くことに近藤は、慶応元年（一八六五）九月七日に長州藩主の毛利敬親《たかちか》に謁見を許され、ユニオン号購入への尽力を要請された。さらに、この間の武器購入と運搬への尽力に謝意を示されて三所物《みところもの》（小柄《こづか》、笄《こうがい》、目貫《めぬき》）を下賜《かし》される栄誉を得た。そして、前述の通り（125頁）、藩主父子から久光、茂久父子に対するに礼状（九月八日）を託された。

ところで、敬親はなぜ一介の浪人に過ぎない近藤と面会したのであろうか。その場にも立ち会った直目付・柏村数馬《かずま》は、「薩藩上杉宗次郎（近藤長次郎）被召出《めしいだされ》、御両殿様拝謁被仰付《おおせつけられ》、薩国論被聞召《きこしめされ》、御伝言之旨被仰含御自翰《かん》御託し被遊《あそばされ》候、宗次郎へ三所物被下《くだされ》候事」（『山口県史 史料編幕末維新』四）と日記（九月七日条）に記している。つまり、近藤は土佐藩浪士ではなく、「薩摩藩士」と認識されており、そのため藩主も面会に及んだのだ。それは、この間の重責を果たしたことに対するねぎらいであると同時に、卓越した手腕を持つ近藤への信頼感と今後のさらなる周旋への期待があったことも忘れてはならない。

ユニオン号と桜島条約

さて、近藤に託されたユニオン号の購入に至る経緯を見ていこう。そもそも、軍艦については、幕府は諸藩の購入を許可したが、神奈川奉行、長崎奉行、箱館奉行経由による注文に限ると取り決めた。そのため、銃などの武器の購入に比べて格段に目立つ行為であり、嫌疑を受け易い状況にあった。長州藩に便宜を図ろうとしていた薩摩藩にとっても、そう簡単には購入できない背景があった。

長州藩主自らの依頼を受けていた近藤は、何とか薩摩藩から名義貸しによる軍艦購入の了解を引きだすため、井上と下関で「桜島条約」を起草した。史料として伝えられているものは、慶応元年（一八六五）一二月に近藤から長州藩海軍局幹部の中島四郎《なかじましろう》と龍馬に対して示されたものである。その主な内容は、旗号《きごう》は島津家のものを借用、乗組員は社中の士官（高松太郎、菅野覚兵衛《かくべえ》、新宮馬之助《うまのすけ》、黒木小太郎、白峯駿馬、沢村惣之丞《そうのじょう》）と従来からの召連れの水夫や火焚、長州藩からは士官二人が乗船、船中の賞罰は社中士官が実行、諸経費はすべて長州藩が負担、長州藩の使用に空きがあるときは薩摩藩が利用可能というもので、著しく薩摩藩に有利な内容であった。

なお、松浦玲は著書の中で、桜島条約について、「社中を代表して上杉宗次郎が中島四郎に宛てたものだが、中島の横に坂本龍馬が並ぶのが異様である。上杉が長州人に宛てた文面(「御国」は長州)だから、これでは龍馬も長州人になってしまう」(『坂本龍馬』)と、桜島条約の異様さを訴えている。しかし、龍馬は、社中の一員ではなく、薩摩藩士と認識されており、薩摩藩外郭団体とも言える「社中」から、長州藩士の中島と薩摩藩士の龍馬に宛てられたものと考えれば違和感はない。

近藤はこの桜島条約をユニオン号購入の条件として、薩摩藩を説得するために鹿児島へ足を運び、小松邸に八日間ほど滞在しながら奔走したが、その間に島津久光へ拝謁を遂げている。近藤にとって久光への謁見は二回目となり、薩長融和に尽力する薩摩藩士・近藤長次郎の面目躍如たる瞬間であった。

なお、桜島条約は、薩摩藩に有利な内容であったにもかかわらず、藩内には多数の異論が渦巻いた。この段階では、長州藩との過度な連携に対する拒否感が根強くあり、具体的な薩長連携に向けた雰囲気が必ずしも藩全体には共有されておらず、かつ、幕府からの嫌疑に対する警戒心の証である。そこを突破した小松帯刀の政治手腕にあらためて着目すべきで、近藤の活躍もさることながら、小松の存在があって初めてユニオン号購入も前進できたのだ。もちろん、小松の決定を支持した久光の存在も忘れてはならない。

ユニオン号調達の実態

近藤は長崎に戻り、グラバーおよび薩摩藩の長崎在番藩士に根回しをした結果、慶応元年（一八六五）一〇月一六日に薩州聞役《ききやく》の汾陽次郎右衛門《かわみなみじろうえもん》から長崎奉行にユニオン号購入の申請が行われた。近藤の書簡（井上馨宛、一〇月一八日）によると、「第一船之義、是は其之御地に於而《おいて》兼而《かねて》御示談申上候。貴兄御存慮之如く船印、国号、彼之国之名前を借用仕り、社中乗組み水夫も其之通に而《て》航海仕り候事に談決仕り、今日漸々《やくやく》船受取り仕り候」（『木戸孝允《たかよし》関係文書』四）とあり、井上と下関で談合した桜島条約を薩摩藩側も了解したことによって、近藤が一八日にユニオン号を受領したことが分かる。

そして、書簡には〝一旦ユニオン号を鹿児島に寄港させた上で、下関まで回航させるので安心するように〟ということも続けて書かれており、この後ユニオン号事件が勃発することなど夢想だにしていない様子がうかがえる。この間の近藤の詳細な動向は、史料上明らかではないが、長崎・鹿児島間を往復しながら周旋活動を展開していたことは間違いなく、近藤はユニオン号購入における無比の存在であった。

ユニオン号購入にあたって、近藤は井上宛の同書簡で「船受取り候に即《つい》ては国旗引替、その日の役人へ酒呑し祝義並《ならび》に石炭入込み、薪水、食料、水夫之給金等ひた〳〵相困り」と膨大な諸費用の発生に困苦している様子を訴えている。そして、〝薩摩藩の役人には遠慮して言いだせず、グラバーからの一〇〇〇両の借金でようやく賄っているので承知して欲しい〟と告げ、〝いずれ必要経費は帳面に明記して請求する〟と伝達した。ぎりぎりの状態の中で、ユニオン号購入の実現を図っている近藤の苦しい立場を察することができよう。

また、近藤は購入費用について、薩摩藩の長崎在番の役人が面倒なことを言い募るので困窮しており、代金は薩摩藩の大坂藩邸まで送金するか、下関で近藤本人が受け取りたいと井上に懇願している。その上で、ユニオン号を一旦鹿児島に寄港させ、一一月下旬の引き渡しを約束している。ユニオン号の調達はこれまで通説では、龍馬が率いた亀山社中によって成し遂げられたとされてきたが、実際には近藤が一人で行っている実態が浮かび上がってくる。

近藤の薩長融和周旋活動

薩長融和に向けた近藤の周旋活動はこれだけに止まらない。先ほどの井上馨宛の書簡には、更に驚くべき活動内容が含まれている。以下、順に具体的に見ていこう。

①「ガンボート二艘、此之義も彼国之名前借用に而ガ印（グラバー）に相頼申候間、此之段も御安心可被下候《くださるべく》」

ガンボート（砲艦の一種、軍艦に比して小型）二艘は、薩摩藩の名義貸しによってグラバーに発注済みなので安心して欲しい。

②「書生彼の国之名前に而遠方御遣しの事、此之義は今暫く《しばらく》評義中也」

ロンドンへの留学生だが長州藩士を薩摩藩士として派遣することは、もう少し評議する時間が必要である。

③「アルムストロング炮之義は、何分《なにぶん》此之度の船に而積廻しの間に合ひ不申《もうさず》、何れ十二月頃より来正月末迄にはとり寄せ送り可申《もうすべし》とのガ印返答也」

薩摩藩名義によるアームストロング砲の購入は、今回は間に合わなかったものの、一二月から一月までに輸入が叶い、下関まで搬入するとしたグラバーの回答があった。

④「英学一人並に砲術伝習二人之事、是は彼の国之屋鋪《やしき》に於ても当時伝習相止みたり。今暫く御見合可然《しかるべき》か」

薩摩藩での英学および砲術修行について、現在は教授が中止されているので暫くは様子見が妥当であろう。

⑤「ゲベールの義に付ガ印へ談判之事、何れ拝面の上可申上候《もうしあぐべき》」

ゲベール銃購入については、グラバーと交渉中であり、いずれ直接話したい。

このように長州藩の依頼は、軍艦、武器の購入からロンドンへの留学生の派遣、藩士の鹿児島での英学、砲術修行の斡旋《あっせん》にまで及び、これらの実現には近藤という偉才の存在が不可欠であったことが分かる。

また、近藤は「帯印、吉印、昨日胡蝶《こちょう》丸に而上京也。君侯も来月初旬には上洛也。人数繰出しに即ては大騒き〳〵」と、小松帯刀・西郷吉之助（隆盛）の昨日の上京（長崎発）および久光の来月初旬での率兵上京《そっぺいじょうきょう》を示唆している。さらに、率兵上京の人数が多数になった場合は、大騒動が持ち上がるであろうと上方での政治変動も予測しており、薩摩藩士・近藤の情報を長州藩に伝達している事実は見逃せない。近藤はさまざまなチャンネルを使用して、薩長融和に貢献していたのだ。

近藤、ユニオン号で下関へ

さて、ここからは薩長間に起こった重大事件であり、龍馬も巻き込まれたユニオン号事件について述べておこう。慶応元年（一八六五）一一月八日頃、ユニオン号で近藤は下関に到着した。近藤を出迎えたのは高杉晋作《しんさく》と伊藤博文であった。高杉は木戸孝允に近藤の到着を知らせるとともに、至急、下関へ来ることを求め、難しい場合は木戸の代わりに海軍局の中島四郎らを派遣することを要請した。

伊藤も木戸に書簡を出し、〝近藤は長崎在番の薩摩藩士が随分と俗論を吐いたため、ユニオン号の購入には大変に苦心した。近藤は英国留学を志していたが、長州藩のせいで二、三ヶ月ほど出発が遅れてしまった。木戸が近藤を疎かにするとは思っていないが、何卒藩政府から御礼をして欲しい。金銭であれば、一〇〇から二〇〇両くらい渡してもよろしいのではないか〟と要請した。さらに、伊藤は〝薩摩藩の実情を直接、近藤から聞いて欲しい〟と述べ、木戸本人と井上馨の来関も要求した。

高杉と伊藤は、ユニオン号の購入をめぐる複雑な状況に自分たちでは対処できないと判断し、また、近藤の一方《ひとかた》ならぬ尽力に報いる必要を痛感したことから、そのような申し入れを行った。なお、近藤自身も木戸に対して、井上が即刻下関に来ることを強く要請する書簡を発したが、その書簡を回覧した井上は、〝近藤が実直すぎるため、親しい人間でないと交渉がうまくいかない〟と述べ、一二日には下関に到着したいとの意向を木戸に伝えている。

その後、井上と対面を果たした近藤は、伊藤も加えた三人で山口に赴き、一一月一八日に藩主・毛利敬親に謁見を許され、短刀を拝受し、労をねぎらわれた。近藤にとっては九月七日以来、二回目となる藩主との謁見であり、想像をはるかに超えた厚遇である。長州藩の近藤に対する、感謝の念と一層の期待が大きかったことは間違いない。なお、その際には伊藤が示唆した金銭の受領は認められず、藩政府で検討した形跡も確認できない。

一一月二二日、藩政府はユニオン号（薩摩藩名・桜島丸）を乙丑丸《いっちゅう》と命名し、海軍局の中島を「惣官（総管）」にすることを沙汰した。そして下関において、近藤と木戸、井上、中島らが購入後の運用について協議することを命じた。しかし、近藤は桜島条約の履行を強く求めて譲らず、事態は紛糾することになる。

木戸は自ら長崎に赴き、在番の薩摩藩士と談判することを主張したが、藩政府は政務の多忙を理由に許可しなかった。そこで、木戸は井上を上京させることを進言した。一二月一日に、藩政トップの山田宇右衛門《うえもん》は、このままでは薩長間で嫌疑が生じるとして、この間尽力してくれた薩摩藩の小松帯刀らが在京しているため、長州側から井上を派遣して調停に努めることとした。ユニオン号の購入は、薩長間に亀裂が入りかねない、ユニオン号事件に発展したのだ。

龍馬、ユニオン号事件に巻き込まれる

慶応元年(一八六五)一二月三日、龍馬が下関に到着したが、その目的は木戸から幕府との広島談判(30)の結果や長州藩の対応を聴取することにあった。しかし、期せずしてユニオン号事件に巻き込まれてしまった。近藤が井上と取り決めた桜島条約を盾にして、断固として長州藩への引き渡し要求を拒み、海軍局代表の中島と龍馬に明文化した桜島条約を開示して、その履行を求めて譲歩しなかった。

中島は桜島条約を改正し、ユニオン号を乙丑丸として自藩のものにすべく近藤に要請したが、近藤は代金の完済がなされていない以上、ユニオン号は長崎に回航すると主張して

やまなかった。それに対し、龍馬は代金支払いを延期した上で、ユニオン号を上方に回航し、木戸が小松らと協議することを提案した。龍馬の案は高杉の同意を得たものの、近藤はここでも譲らなかった。

龍馬の説得もむなしく、ユニオン号が来関して一ヶ月以上、長州藩の海軍局と薩摩藩の社中の間で桜島条約の履行をめぐって混乱が続き、収拾の目処すら立っていなかった。史料的には、まるで近藤が一人で長州藩相手に奮闘しているように映り、確かに近藤が社中の窓口となっていたことは間違いないが、おそらく他の社中メンバーも一致団結して長州藩の要求を拒否していたのだろう。薩摩藩の看板を背負った社中が、長州藩を相手に困難な外交交渉を続けていたのである。

ユニオン号事件解決へ

慶応元年（一八六五）一二月の後半に至り、ようやく事態が動きだす。中島の書簡（木

（30）長州再征に際して、幕府から大目付らを広島に派遣し、長州藩の使者・宍戸《しし》璣《どたまき》らを尋問した（135頁）

戸宛、一二月二四日）によると、木戸からの指示は、大事件は高杉、小事件は越荷方《こしにかた》（藩営の商社）に相談せよとのことであった。しかし、高杉は任に堪えないとして投げだし、ユニオン号の問題は混乱ばかりで終息の気配が見えなかった。高杉、中島に龍馬が加わって説得しても、近藤が頑として応じなかった。中島はその状況を嘆き、自身も惣官を辞職したいと木戸に申し送った。

また、井上は書簡（木戸宛、一二月二四日）で、井上は、〝龍馬が言う通り、木戸が上京して薩摩藩士と談判し、ひとまず方向性を決めて、早く混乱を収拾した方が良い。木戸が同意であれば、中島ら海軍局の幹部とともに下関から上京すれば本件も片付く〟と提案している。一方で、〝社中の者とは同じ議論の繰り返しとなり、刺し違えるなどと過激な議論になる〟として、木戸の来関を強く期待している。

一二月二五日、長州藩の海軍局が作成した新桜島条約（旗号は島津家のものを借用するが、ユニオン号は長州藩籍と認定、海軍局惣官の権限が絶対）が藩政府に提出されたことを契機に、事態は急展開を見せる。旧条約では社中が長州藩から頼まれたので、盟約したと記載されていたのに対し、新条約では社中は「薩州より御乗込士官」と軽く規定され、今後も乗船させるが長州藩側の意向に沿うことを条件とされた。また、長州藩の使用に空きがある時は、薩摩藩が利用できるという部分は踏襲しているが、費用は薩摩藩が賄うとしており、一転して長州藩に有利な内容に変化した。

二六日、長州藩政府は山田宇右衛門に下関への出張を命じたが、龍馬の書簡（長府藩士・印藤肇宛《いんどうのぶる》、一二月二九日）には、一二八日に海軍局幹部を伴った山田が直々に来関したことを伝え、交渉はこれからとしながらも、交渉当日中での妥結を示唆する、楽観的な姿勢が見られる。事実その通り、山田と社中の交渉によって、ユニオン号の長崎回航を条件に、とりあえず事件は終息の方向で妥結した。

頑強に抵抗していた近藤が、妥協した理由は、長州藩主の名代とも言える藩政府トップの山田宇右衛門が来関したことも大きかったであろうが、次章で述べるように木戸の上京が差し迫っており、これ以上、薩長間で揉《も》めることのリスクを回避したかったのだと考える。龍馬からも近藤に対して説得が試みられ、山田到着までにはすでにおおよその妥協の方向性は決定していたと考えられる。

なお、新条約では宛名に近藤の名が見られないため、近藤のみが最後まで反対していた可能性も否定できないが、旧条約の乗組み士官にも近藤の名前はない。予定されていた海外留学のため、近藤の名前はこの段階から割愛されたのではないだろうか。近藤が、第二次薩摩スチューデント（慶応二年三月二八日）に選ばれていた可能性を指摘しておこう。

近藤長次郎の自殺

本章の最後に、慶応二年（一八六六）一月二三日の長崎における近藤自殺の真相に迫りたい。定説では、長州藩からの資金によって密に外遊（留学）する計画が露見したため、あるいは勝手に長州藩と新条約を結んで妥協したため、社中の沢村惣之丞らに社中盟約に背いたとして難詰され、自刃したとされる。

確かに、長崎在番の薩摩藩士・野村盛秀《もりひで》は「今晩八前、土州家前河内愛之助（沢村惣之丞）、多賀松太郎（高松太郎）、管野覺兵衛（菅野覚兵衛）入来、上杉宗次郎へ同盟中不承知之儀有之《これあり》、自殺鶏致候段届申出候間、翌朝、御邸、伊（伊地知貞馨《いじちさだか》）、汾（汾陽次郎右衛門）其外へ届申出候」（「野村盛秀日記」、一月二三日条）と記載している。「同盟中不承知之儀」とあることから、社中の中で何らかのトラブルが発生していることは間違いない。

ところで、近藤の留学の意思については、伊藤ら長州藩士も承知しており、社中の同士がそれまで聞いていなかったとは考え難く、長州藩から資金が出ていないことも了解されていたと考える。また、新条約の承認についても、社中メンバーは近藤と同一行動を取っており、近藤のみが承知し、他のメンバーに秘匿することなど不可能である。そもそも、社中には規約自体が存在せず、「同盟中不承知之儀」が具体的に何を指しているのか、史料上では明らかにすることはできない。

理由は妬みか、それとも？

それでは、長州に有利な新条約に納得できない薩摩藩士の伊地知、汾陽による強要の可能性はどうであろうか。ユニオン号購入にあたっては、近藤が再三、手を焼いていた相手であり、薩摩藩士が黒幕であれば、社中メンバーも事実の公言は憚《はばか》られたはずである。しかし、薩摩藩士から追及された事実は確認できず、彼らとの間に何らかのいざこざがあったようには見えない。「野村盛秀日記」には、「夫ヨリ伊地知（壮之丞）大人へ差越候処、土州家上杉宋次郎相見得、今夕伊地知大人並喜入《きいれ》（摂津）氏、上杉と小島屋」（一月一三日条）、または「英人ラウダへ八後差越、今晩、上杉宋次郎、伊東春輔《しゅんすけ》（伊藤博文）、菅野覚兵衛とガラバ別荘へ約束いたし置差越候」（一月一四日条）とあり、別段の事はなく、むしろ彼らは親しい関係である。

そもそも、薩摩藩にとって久光に謁見まで果たし、ひじょうに有能であることが周知の近藤を、長崎在番士が自刃に追い込むことは非現実的ではないだろうか。また、薩摩藩士が強要したとした場合、一月早々には長崎に戻っている近藤が、二三日に自殺というのは余りに時間が経ち過ぎている感もある。しかも、近藤の死によって、ユニオン号事件の決着に何らかの影響を与えた事実も認められない。

さらに、「桂久武《ひさたけ》日記」によると、京都にいた桂は「此日西郷氏より書状到来、上杉宗次郎自殺一条小松家抱え錦戸広樹（陸奥宗光）より野村宗七より之書状致持参《じさんいたし》候由ニて、小松家より被相廻《あいまわらせ》候とて到来、誠ニ遺憾之次第也」（二月一〇日条）と記す。近藤の死の一報が在京薩摩藩の要職の間で回覧され、しかも、桂がその死を大いに嘆いている事実は重い。桂は翌日に「四ツ前より小松家江《へ》参、上杉一件委敷《くわしく》承候」と小松を訪ねて詳細を確認しており、この事実も見過ごせない。近藤がいかに薩摩藩にとって、重要な人物であったかが分かる。

つまり、近藤ほどの人物に自刃を迫る確かな事由が見当たらず、このこと自体がきわめて不自然であろう。推測の域を出ないが、社中メンバーとの他愛もないいざこざから、突発的にこのような事態に至った可能性が高いのではないか。社中メンバーには、同格でありながら、藩主に謁見するなど一人突出した近藤に対して日頃から妬《ねた》みや不満があったのかもしれない。

なお、「野村盛秀日記」は、「上杉旅舎自殺いたし候小曽根方へ差越、前河内（沢村惣之丞）と会取、猶又《なおまた》、始終を聞、ガラバ方にて、伊東春輔と面会、上杉か次第ヲ話ス」（一月二四日条）と自殺翌日の記載がある。これによると、沢村と何らかのトラブルがあった可能性があり、また、グラバーと伊藤は真相を聞いている。後日談であるが、グラバーと伊藤両者ともに留学関連のいざこざであると語っており、近藤一人が留学することに対する嫉妬に端を発した事件の可能性も残され、今後のさらなる究明が待たれる。いずれにしろ、薩長融和に尽力し続けた近藤という逸材を喪失するという、痛恨の事態に薩長は直面したのだ。

第一一章　「小松・木戸覚書」の成立と意義
――薩長同盟伝説を撃つ

木戸孝允の上京

いわゆる「薩長同盟」と呼称される薩摩藩と長州藩の連携について、筆者は可能な限り、「小松・木戸覚書」への名称変更を提案している。本書においても、そのスタンスに変わりはない。本章では、「小松・木戸覚書」(薩長同盟)の成立を一次史料の木戸孝允《たかよし》書簡(坂本龍馬宛、慶応二年〈一八六六〉一月二三日)、吉川家史料(『吉川経幹《つねまさ》周旋記』)、「桂久武《ひさたけ》日記」などを駆使しながら、当時の政治状況をじゅうぶんに考察し、その成立過程や意義に迫りたい。なお、筆者の『薩長同盟論』(人文書院、二〇一八年)と内容的に重なる部分もあるが、本章で簡潔にまとめ直したい。

慶応二年一月八日、長州藩の用談・用所役である木戸孝允は薩摩藩の黒田清隆《きよたか》に先導されて入京した。黒田は藩の命令系統から逸脱し、単独で長州藩に潜入して木戸を上京させた。薩摩藩にとって、木戸の上京は唐突なものであり、その対応には苦慮したであろう。木戸は島津久光《ひさみつ》の名代である家老・小松帯刀《たてわき》邸（借用していた近衛《このえ》家の別邸）に滞在し、そこで政治交渉に臨んだ。当初の交渉は、近々に幕府によって下される長州藩に対する処分案をめぐって、受け入れを勧める小松・西郷と、断固それを拒否する姿勢を崩さない木戸との応酬となった。

木戸は第一次長州征伐における三家老の処分で、長州藩への処分は済んでいるとの認識を示した。一方、西郷は幕府の処分を忍んで受け入れることを促し、後日、嫌疑が晴れて藩主が上京した際に、薩摩藩が協働して復権を嘆願するとの意向を示した。しかし、木戸は断固として同意しなかった。さらに木戸は、長州再征の阻止に向けた薩摩藩の周旋に満足せず、藩主父子が剝奪された官位の復旧という、長州藩復権への周旋が行われていないことに不満を漏らし、薩摩藩に対してさらなる尽力を強硬に迫った。

薩摩は長州に加担するべきか

確かに薩摩藩は長州再征に異議を唱えていたが、何らかの形で長州藩を処分することについては、必ずしも不同意ではなかった。あくまでも、三家老の切腹は解兵するための条件であり、むしろ、何らかの処分は当然であると考え、この点はその他の諸侯とも共通した認識であった。但し、その処分の内容についてはなるべく穏便なもので、長州藩が妥協できることが前提であった。

長州征伐後、薩摩藩は幕府から距離を置いて将来の戦闘に備えるという抗幕志向を明確にしていた。そのためには西国雄藩の一角を占める長州藩の存続が必須であり、連携パートナーとして最適ではあった。しかし、幕府の薩摩藩に対する強い嫌疑の中で、これ以上、関係を悪化させてまでも、薩摩藩から長州藩に擦り寄る必要など、まったくなかった。さらに薩摩藩は、幕府はすでに長州再征を行うような武威を失っており、現実問題として、武力衝突を本心では望んでいないと踏んでいた。

一月一一日に至り、黒田清隆が家老の一人であった桂久武を訪問して木戸を上京させた事情を詳細に説明し、翌一二日、今度は小松が西郷を同伴して桂を訪ねた。この時、小松、桂、西郷の三者の間で、あくまでも木戸に対して長州藩処分の受諾を迫るのか、あるいは受諾拒否を前提に、藩主父子の官位復旧という長州藩復権への周旋に同意するのかを議論した。しかし、この段階ではまだ結論が出ず、桂が木戸に面会した上で、再度議論することになったのではないだろうか。

一四日、桂は小松邸に赴いて初めて木戸と対面し、小松も交え時間をかけて国事について話し込んだ。その後、政務を終えて藩邸から引き上げていた島津伊勢《いせ》および西郷の許を桂がわざわざ訪れている事実から判断して、小松、桂、木戸による三者会談を踏まえ、小松と桂は木戸の意向に沿うことを決定し、その考えを桂から伊勢と西郷に伝えたのだろう。この時の判断として、久光の同意が得られるかが大きなポイントであった。

幕府による処分を受け入れるか否かの最終判断は、当然ながら長州藩に帰するものであり、本来、薩摩藩としては受け入れることを促すことしか叶わず、久光の意向如何に関わらない問題である。次に、藩主父子の官位復旧という、長州藩の復権に向けた周旋を薩摩藩が開始することについては、久光の意向が最優先されるべきで、小松と桂の間で慎重に検討されたであろう。その結果、小松らは抗幕姿勢を貫き、廃幕を目指す薩摩藩にとって、パートナーとしての長州藩復権に加担する程度のことは、既定路線からそう逸脱するものではなく、久光にとっても許容範囲であると判断したのだろう。なお、同日に伊勢が海江《かえ》田武次《だたけじ》、奈良原繁《ならはらしげる》を伴って、黒田清綱《きよつな》と面談後の桂を訪ねており、そこでも確認がなされたと考える。以上を踏まえ、薩摩藩要路と木戸との薩長連携に向けた国事会談が一八日に設定されたのである。

木戸孝允の孤軍奮闘

慶応二年（一八六六）一月一八日、桂久武は「八ッ時分（午後二時頃）より小松家江、此日長の木戸江ゆる〱取会度申入置候付、参候様にとの事故《ゆえ》参候所、皆〱大かね時分（午後五時頃）被参候《まいらせ》、伊勢殿・西郷・大久保・吉井・奈良原也、深更《しんこう》迄相咄《あいはなし》、国事段々咄合候事」と記しており、夕方から深夜に及び会談が行われたことが分かる。薩摩藩からは小松、桂、伊勢の三家老、西郷、大久保、吉井友実、奈良原の四要職、合わせて七名が参集しており、国事について議論が行われた。薩摩藩の重役が居並ぶ中で、孤軍奮闘する木戸の心情は察して余りある。

ここでも木戸は、長州再征の阻止に向けた薩摩藩の周旋に満足せず、藩主父子の官位復旧という長州藩の復権への周旋が行われていないことに不満を漏らし、薩摩藩に対してさらなる尽力を強硬に迫ったであろう。ここで薩摩藩はすでに決定していた方針に則り、長州藩が処分内容を拒否することを黙認し、長州藩主父子の官位復旧という長州藩復権への周旋を実行する方針を示した。そして、木戸と議論を深めて、二三日に木戸が龍馬に書き

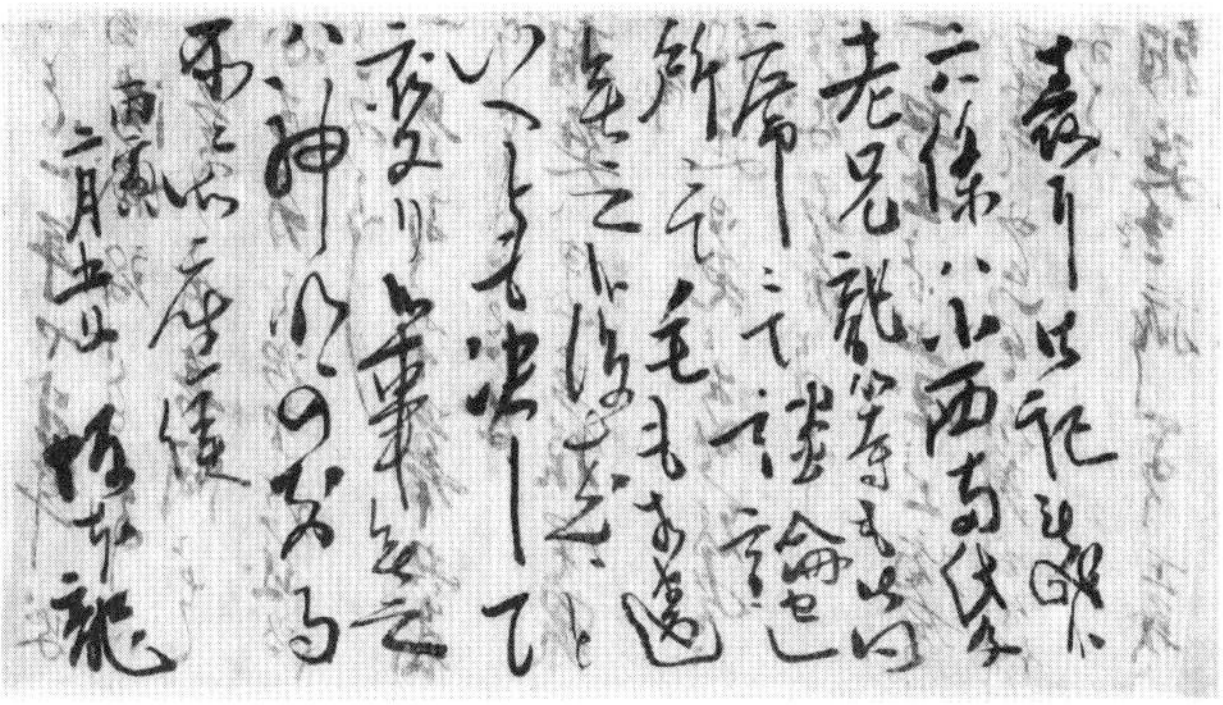

図10　木戸は薩摩藩の小松らと取り決めた六箇条を成文化し（小松・木戸覚書）、龍馬にその裏書を求めた（龍馬宛、木戸書簡。慶応2年1月23日）
宮内庁書陵部蔵

送った六箇条の内容をおおよそ一八日に決定したのであろう。これを踏まえ、木戸は長州へと戻ることとなり、送別会が二〇日に設定された。

龍馬を政治的に利用

この時、木戸は六箇条の内容を成文化して長州藩に持ち帰りたいと考えたはずである。その理由は、一八日の会談での長州藩からの出席者は木戸だけであり、木戸側に立って証人となる人物がいないため、後日、約束が反故《ほご》にされてもそれを立証し、反駁《はんばく》することが難しくなってしまうからだ。また、藩政府に報告した際、口頭でのやり取りのみでは信ぴょう性に乏しく、木戸の上京に反対した諸隊などの勢力から信用されない可能性が高かった。そして、今後、木戸が長州藩政府のイニシアティブを握るためにも、確固たる薩長連携の証拠が絶対に必要であった。

しかし、薩摩藩側は木戸に押し切られて回答した体をとっているため、成文化には抵抗があり、木戸から成文化を要求することは憚《はばか》られた。加えて、薩摩藩側と調整の上で成文化した場合、木戸の思惑通りに内容が記述されるとは限らない。そのタイミングでの龍馬の登場は、木戸にとってこの上もない幸運だった。その龍馬は、詳しくは後で述べるが、一月一〇日に土佐藩浪士・池内蔵太《くらた》、新宮馬之助《うまのすけ》、長府藩士・三吉慎蔵《みよししんぞう》を伴い下関を発して、一八日に薩摩藩の大坂藩邸に入り、一九日に伏見寺田屋に宿泊した。二〇日夜、龍馬は池、新宮とともに密かに入京し、薩摩藩の二本松藩邸に入った。そして、翌二一日には小松邸に移った。

通説ではその日に龍馬の周旋によって六箇条が、つまり薩長同盟が成立したとされる。しかし、すでに述べた通り、一八日の会談でこの六箇条のアウトラインは成立しており、龍馬の周旋によって事態が進展した事実はない。一方で、木戸にとってみると、口頭での約束だけではきわめて不都合であり、何としても確固たる六箇条の証明を欲していた。そこに龍馬が期せずして登場したことにより、木戸は龍馬を政治的に利用することになる。

龍馬の薩長同盟仲介説は疑問

木戸は出発前の慌ただしい雰囲気の中、運よく居合わせた小松、西郷、そして龍馬の前で、一八日の会談で成立した六箇条のアウトラインを確認しながら話し、確固たる六箇条にしたと考える。龍馬は長州藩要路の一部には、薩摩藩士として認識されており、昨春来の薩長融和に向けた動向において、つねに薩摩藩の使者として長州藩に派遣された唯一の人物であった。木戸にとって、生粋の薩摩藩士から証人を得られない中で、最善の選択が「龍馬を証人にする」ことであった。そして、木戸から龍馬に送られた書簡に龍馬の裏書が記されたことによって、名実ともに六箇条が成立したことになる。

なお、龍馬が会談に加わるまで、特段の国事の話はなされておらず、六箇条の成立は龍馬の周旋であるとする見方が有力であった。しかし、一八日に六箇条のアウトライン成立、二一日に龍馬を証人として六箇条の確認、二三日に成文化されることによって六箇条の確定という流れは動かし難い。

そもそも、木戸は龍馬登場後、せいぜい半日ほどの間に六箇条の証人になってもらわなければならず、それ以前にアウトラインが成立していなければ、この短時間にこれだけの内容の了解事項が一から成立するのは不可能であろう。また、龍馬が木戸と西郷の間を周旋して「薩長同盟」を成し遂げたとする一次史料は存在せず、全て明治以降の創作に過ぎない。

覚書「六箇条」の内容

次に、「小松・木戸覚書」（薩長同盟）の六箇条の内容と意義について、筆者なりの見解を述べることにするが、確認のため、まずは六箇条に目を通してみよう。

①戦と相成候時ハ、直様《すぐさま》二千余之兵を急速差登し、只今在京之兵と合し、浪華《なにわ》へも千程ハ差置、京坂両所を相固め候事。

②戦自然も我勝利と相成候気鋒有之《これあり》候とき、其節朝廷へ申上、屹度《きっと》尽力之次第有之候との事。

③万一戦負色《まけいろ》ニ有之候とも、一年ヤ半年ニ決而《て》潰滅致し候と申事ハ無之《これなき》事ニ付、其間ニは必尽力之次第屹度有之候との事。

④是なりにて幕兵東帰せしときハ、屹度朝廷へ申上、直様冤罪《えんざい》ハ従朝廷《ちょうていより》御免に相成候都合ニ、屹度尽力との事。

⑤兵士をも上国之上、橋会桑等も如只今《ただいまのごとき》次第ニ而、勿体なくも朝廷を擁し奉り、正義を抗《はば》ミ、周旋尽力之道を相遮り候ときハ、終《つい》に及決戦《けっせんにおよび》候外《ほか》無之との事。

⑥冤罪も御免之上ハ、双方誠心を以相合し、皇国之御為に砕身尽力仕候事ハ不及申、いづれ之道にしても、今日より双方皇国之御為皇威相暉《あいかがや》き、御回復ニ立至り候を目途ニ誠心を尽し、屹度尽力可仕《つかまつるべき》との事。

六箇条の主なポイントは、「長州藩が処分を受け入れないことを前提に、幕長戦争（第二次長州征伐）も視野に入れた薩摩藩による長州藩（藩主父子）の復権を、朝廷に周旋することを約束したもの」である。また、幕長戦争が開始されても、「薩摩藩は中立を守って幕府側に立たない」ことも、言外に示している。全体として、薩摩藩の既定方針からは外れておらず、久光から容易に事後承認を得ることができる内容となっている。

①は、薩摩藩兵の上京についてである。薩摩藩は朝廷守護を藩の方針としており、幕長戦争が勃発《ぼっぱつ》した場合、多数の藩兵が御所を守るために、派遣されたとしても不思議ではない。問題は兵数であるが、文久《ぶんきゅう》三年（一八六三）九月、八月十八日政変の後に行われた久光の率兵上京《そっぺいじょうきょう》時は一五〇〇人であった。この際は、長州藩の率兵上京の可能性が念頭に

置かれたが、今回は幕長戦争という緊急事態が勃発することを前提にしているため、必ずしも二〇〇〇という数が突出しているわけではない。つまり、薩摩藩の既定路線そのものである。

なお、上方にこれだけの兵力が存在することが、長州藩に有利に働くことは当然である。再征時にがら空きとなった京都で、薩摩藩が挙兵することを恐れたため、幕府軍の兵力を分散させる効果があった。薩摩藩の既定路線とはいえ、長州藩にとっては大きな側面支援には相違なかった。木戸がこれを聞きだせたことは、戦略上、きわめて有意義であった。

②③④では、幕長戦争で長州藩が勝利した場合、敗戦した場合、そもそも幕長戦争自体が起きない場合（幕府軍が江戸へ引き上げる）に、長州藩の復権に向けて薩摩藩による周旋活動の約束である。これまでも、薩摩藩は長州藩への寛大な処置を唱えており、幕府からの嫌疑が深まるとはいえ、それほどの負担ではない。さらに、仮に結果が伴わなくても、薩摩藩の落ち度にはなり得ない。

「兵士」は幕府？　薩摩？　それとも？

⑤について、復権を嘆願する長州藩が率兵上京した際、一会桑《いっかいそう》勢力がこれまで通りに朝

廷を傀儡《かいらい》にして、長州藩の復権という正義に向けての薩摩藩の周旋活動を妨害した場合、これら幕府勢力と「決戦」するとしている。

ところで、この⑤に出てくる「兵士」がどこに所属するのかによって、大きく意味合いが異なる。今まで研究者によって薩摩藩兵や上方駐屯の幕府軍など、解釈に差異が見られた。しかし、二〇一七年に「京坂書通写慶応二年丙寅《へいいん》一月」（鳥取県立博物館蔵）が発見されたことにより、「兵士」は長州藩兵であることが確定したが、まずはこの新しい史料について触れておこう。

龍馬が伏見奉行の襲撃を受けた慶応二年（一八六六）一月二三日の寺田屋事件において、龍馬が書類を押収されていたことは周知の事実である。桑名藩士・立見尚文の伝記『立見大将伝』には、「二月四日　坂本龍馬所持の書類を寫《うつ》す」とあり、また、土佐藩京都藩邸史料「慶応二年一月伏見奉行所報告」（高知県立坂本龍馬記念館蔵）には、「坂本龍馬所持書類写取奉差上候」とある。このことから、奉行所から京都所司代（桑名藩）に龍馬所持の書類の写しが届けられ、それを立見は直に見聞し、かつ、土佐藩邸はその写しを入手していることが分かる。さらに、この新史料によって、鳥取藩も入手していることが判明し、本情報が各藩の公用方などを通じて、ある程度流布していたことが確認できる。

新史料の内容

これまでの史料には、龍馬が所持した書類の内容まで記されたものはなかった。しかし、新史料の発見によって、木戸書簡（龍馬宛、一月二三日）でしか確認できなかった六箇条も一部記されており、きわめて画期的である。本史料を精査したので、その内容について筆者による現代誤訳で記そう。

先ごろお伝えした薩摩藩士のことですが、土佐藩脱藩浪士で今は薩摩藩に抱えられ、薩長間を往来している坂本龍馬という者が、先月二四日に長州を出発し伏見寺田屋で一泊しているところを召し捕りに向かいましたが、龍馬は何とか切り抜けて薩摩藩邸に逃げ込みました。

もっとも、所持品はそのまま寺田屋に放置されていたので取り調べた結果、格別な遺留品はなかったものの、只今まで長州藩士とやり取りしていた内容等の書面がありました。それによると、この度寛大な処分案に落ち着いたとしても、長州藩は決して受諾はせず、かえって嘆願にかこつけて多人数で上京した場合には、薩摩藩はそれに応じて必ず会津藩を追い払う（邪魔をさせない）周旋をするであろう、との長州藩士への返書なども含まれていたとのことです。

なお、すでにその際に召連れていた家来は長州藩士でした。

ここから読み取れることは、薩摩藩士として暗躍する龍馬の情報がすでに知れわたっていること、木戸の動向や龍馬が入京したことは把握されていないこと、長州藩の率兵上京とそれに伴う薩摩藩の行動計画が、格別なものと幕府には認識されていないことである。

この遺留文書は龍馬の備忘録か、龍馬から聞き取った内容を帰藩時の報告のため、三吉がメモしたものと推測され、正式な文書ではなく、また長州藩士への返書とされるものも遺留書面の一部であろう。つまり、長州藩士とやり取りした内容は、〝薩摩藩が処分案の受諾を迫ったところ、寛大な処分案が出ても長州藩は応ぜず、むしろ率兵上京して復権を嘆願する〟といったものであり、返書とされるものは、〝率兵上京時には嘆願が認められるよう、薩摩藩は会津藩の妨害を妨げるための周旋活動を行う〟としたものである。

木戸のはったりとリップサービス

注目すべきは、ここには木戸書簡（龍馬宛、一月二三日）で使用された「決戦」の二文字が見当たらないことである。つまり、小松・木戸会談では、「周旋」止まりだった語を、あるいは「周旋」レベルの印象を薩摩藩側は抱いたものを、木戸は「決戦」とまで踏み込んで、薩長連携の強固さを演出し、あわせて、より一層の薩摩藩の決意を促したものであろう。この新史料によって、薩長合意文書あるいは薩摩藩からの何らかの返書の存在は確認できず、また、軍事同盟であった可能性はさらに低くなったと考えられる。

なお、薩摩藩が⑤を受け入れた事情について、「決戦」という語を使用しているものの、長州藩の率兵上京は時期尚早と捉えていた可能性が高い。当時、長州藩は第一次長州征伐および功山寺挙兵に連動した内戦での重い負担と凶作が重なり、一揆の兆しが見られるなど不穏な情勢にあり、軍夫などの調達が困難で、しかも、大村益《ます》次郎《じろう》による軍制改革も途上にあって率兵上京は不可能であった。木戸がどの程度、真実を語ったかは分からないが、薩摩藩が龍馬などを通じて、長州藩の動向をある程度詳しく把握していたことは疑いない。薩摩藩の判断として、実際に長州藩による率兵上京は起こり得ず、会津藩等と戦闘になるとは微塵も感じておらず、⑤はリップサービスの域を出ない。

⑥では、薩摩藩の周旋活動が功を奏し、長州藩が復権した以降の両藩の方針を示しており、一致協力して皇国のために粉骨砕身して、尽力することが謳《うた》われている。両藩による

高次元の目標であるがひじょうに抽象的であり、王政復古をほのめかしているものの、これまで唱えられてきたものと同様の当たり障りのない内容で、六箇条をまとめるための付けたし程度の条項である。

逆算から生まれた「薩長同盟」

以上、六箇条を検討したが、長州藩をパートナーとして抗幕姿勢を貫き、廃幕を志向する薩摩藩にとって、長州藩の復権に加担する程度のことは、既定路線から逸脱するものではなく、上方への出兵もまた同様である。このように、久光にとっても六箇条は許容範囲であると在京要路は判断し、木戸と交渉したと考える。

つまり、この六箇条は「同盟」「盟約」と称される程のレベルではなく、在京薩摩藩士のトップであり、かつ久光の名代的な存在である小松帯刀が、長州藩を代表して上京した木戸との間で交わした、「小松・木戸覚書」とするのが妥当である。なお、「小松・木戸覚書」が記載された木戸書簡について、それを受領した龍馬はおそらく小松と西郷に披露して自らが裏書きをすることに同意を求めたと考える。龍馬個人が是非を判断できるはずもなく、小松らの了解を得たからこそ、龍馬自身はこの木戸書簡、つまり「小松・木戸覚書」が重要であることをあらためて認識したのだ。

なお、長州藩・木戸にとって、この「小松・木戸覚書」の存在はきわめて重要であり、幕長戦争を遂行するための精神的な後ろ盾になり、これを成し遂げた木戸の長州藩内での政治的な権限は大幅に拡大した。一方で、薩摩藩にとっては、この段階ではそれほどまでの重要性を、この「小松・木戸覚書」に見出してはいなかった。「小松・木戸覚書」は、その後の政治過程から逆算され、この段階が薩長融和の実質的な転換点と位置付けられたことから、極めて意義深い政治的事象として祭り上げられたものであろう。

「小松・木戸覚書」の意義

「小松・木戸覚書」成立時の意義としては、その過程で長州藩を代表する木戸がこれまでのように岩国・吉川経幹の仲介ではなく、薩摩藩の三家老（小松、桂、伊勢）および西郷、大久保、吉井といった藩要路と親しく議論したことにある。とくに、筆頭家老であり久光の名代的存在であった小松と木戸が実際に会談し、両者にパイプができたことは薩長融和に向けて見過ごしてはならない点である。

また、「小松・木戸覚書」を機に、薩長間での人事交流が始まったことにも注目すべきである。この直後より、長州藩からは品川弥二郎《やじろう》や山県有朋《ありとも》らが薩摩藩の京都藩邸に入り、また、薩摩藩からは村田新八《しんぱち》と川村純義《すみよし》がユニオン号の今後の対応を協議するために、山口に派遣されるなどした。薩長間の人的交流は拡大していくが、こうした経緯が薩長融和を確固たるものにしたことは間違いない。

「小松・木戸覚書」の成立から九ヶ月後の慶応二年（一八六六）一〇月一五日、薩摩藩から黒田清綱らが修好使節として長州藩主のもとに派遣され、島津久光・茂久父子からの親書が献じられた。そして、その返礼として、木戸が修好使節として薩摩藩に赴き、一一月二九日、久光・茂久父子に謁見するなどの歓待を受けた。こうした藩主間レベルの修好の事実をもって、「小松・木戸覚書」による薩長連携が、名実ともに「同盟」へと昇華したのだ。

さて、龍馬である。確かに、「小松・木戸覚書」の作成そのものに龍馬の活躍は見られないが、それが本物であることのお墨付きを長州藩に与える大きな役割を演じた。そもそも、薩長融和は前年に龍馬が三度、長州藩に薩摩藩士として派遣されたことから始まっており、その事実なくして「小松・木戸覚書」はあり得ない。龍馬の功績が色褪《あ》せることはなく、むしろネゴシエーターとしてさらなる評価を与えるべきであろう。

第一二章　寺田屋事件の実相とその後の政情

――龍馬暗殺の伏線

龍馬、木戸の依頼で京都へ

「小松・木戸覚書」の成立について、前章で詳述したが、結果として龍馬が覚書の証人となるため、なぜ上京することになったのか、その経緯について触れておこう。

龍馬は、長州藩の解兵条件の履行などについて尋問するために幕府から使節として派遣された大目付の永井尚志《なおむね》らの動向に関する情報を収集し、かつ、尋問を受けた長州藩の状況を探索するため、長州へ向かった。慶応元年（一八六五）一一月二四日に大坂を出発し、二六日には上関に上陸、下関に到着したのは一二月三日であった。しかし、前述の通り、龍馬はユニオン号事件に巻き込まれてしまい、出発が遅れていた。

一二月二九日、龍馬は長州藩士・印藤《いんどう》肇《のぶる》に書簡を発し、「山口より八木圭（桂）小五郎

（木戸孝允《たかよし》）よりも長々敷手紙参、半日も早く上京をうながされ候。然《しか》レ共《ども》此度の上京私一人外当時船（ユニオン号）の乗組一人位の事、なるべくたれか（長府藩士）京ニ御出しなれバ、甚だつがふ（都合）能《よろ》しかるべし」と申し送った。山口の木戸より長文の書簡が届き、半日でも早く、つまり大至急、上京して欲しいとの依頼があったことを述べている。

また、ユニオン号の乗組員から一人を同行させるが、長府藩士からも誰か一緒に京都まで派遣して欲しいとの依頼をしている。なお、前者については新宮馬之助《うまのすけ》、後者については三吉慎蔵《しんぞう》に決定している。龍馬が二名の同行を求めた背景は、新宮はユニオン号事件についての説明を薩長両藩の要職にさせるため、三吉は世話になる長府藩に薩長融和の動向を的確に把握させるためであったと考える。

なお、龍馬は同書簡で「山口の方へハ薩州人黒田了介《りょうすけ》（清隆《きよたか》）と申人参居候故、此人とともニ桂（木戸）氏ハ先日上京と承り候。其桂ニ諸隊の者人物とよバれ候人を七八名も同行致セしよし申来り候」と、木戸が黒田とともにすでに京都に向けて先発しており、その際に諸隊から七、八名の幹部を同行していることも伝えている。そして、龍馬自身は「私しの船ハ正月二日三日頃出しも可 仕《つかまつるべき》か、いまだ不分明なり」と、年明け早々の二日ないし三日の出発となると述べ、さらに長府藩から派遣される人材の選任を急がせている。

結局、龍馬は三吉と新宮、そこに龍馬の古くからの友人である池内蔵太《くらた》が加わり、彼らとともに一月一〇日に下関を出発して一八日に大坂に着いているが、この間の事情を『三吉慎蔵日記』から見ておこう（以下、断りがない場合は本日記から引用）。「慶応二年丙寅一月元日。御内命ヲ以テ当時勢探索ノ為メ、土州藩坂本龍馬へ被差添《さしそわされ》出京之儀被仰付《おおせつけられ》候ニ付、即刻長府出立ニテ馬関ニ至リ福永専助宅ニ於《おい》テ初メテ坂本氏へ面会ニ付、印藤肇ヨリ引合セ三名一同方今ノ事情懇談（中略）同月十日出帆ス。風潮不順。同十六日神戸へ着。直ニ上陸ス」とある。

慶応二年（一八六六）元日、三吉は藩から京都探索のため、龍馬と同行することを命じられ、直ちに下関に向かい、早速龍馬と対面を果たし、上京を開始したものの、天候不順から思うようにいかない様子が分かる。三吉はこの後、龍馬と生死をともにする運命となるが、この時はまだ知る由もない。

大久保忠寛からの忠告

慶応二年（一八六六）一月一八日、大坂に到着した龍馬は、薩摩藩邸に留守居役（幕府や他藩との連絡役にあたる）の木場伝内《こばでんない》を頼った。木場は長州藩の処分をめぐる緊迫した状況を伝えたものの、龍馬は大胆不敵な行動に出る。その晩に、三吉とともに幕臣・大久保忠《ただ》寛《ひろ》の旅宿を訪ね、幕府の動静を聞きだそうとした。このあたり、龍馬の魅力ではあるが、危険きわまりない。

ところが、大久保は「坂本氏探索厳重の由、加之《これにくわえ》目今《もっこん》坂木氏上坂外に長州人同行にて入京の事相知れ其沙汰に付手配り致候間、早々立退候方可然《しかるべき》事談有之」と内密に忠告した。〝龍馬が大坂へ来て、同行した長州藩士と京に入ることがすでに幕吏に知られている。探索は厳重で、指名手配されているので、早々に立ち去るように〟と大久保から言われたのだ。思いの外、危険にさらされていることを悟らされ、龍馬は高杉晋作《しんさく》から贈られた短銃を、池は持っていた元込め銃を点検し、三吉は大坂寺町で手槍を調達した。

大久保の忠告内容については、別の史料でも確認できる。龍馬が大坂にやって来る直前、慶応元年（一八六五）一二月三日に板倉勝静《かつきよ》・小笠原長行《ながみち》の両老中は肥後藩京都留守居役の上田久兵衛《きゅうべえ》らを大坂城に召し呼び、「坂下良馬《ママ》潜匿之一条、薩人之謀略等密々下問」（『幕末京都の政局と朝廷』）と、両老中が上田に対し、龍馬を名指しして潜伏先などの情報提供を求めた。薩長融和の仲介を取り持つ薩摩藩士・坂本龍馬は、幕府にとってもっとも忌々《いまいま》しい人物の一人であり、相当数の隠密《おんみつ》によって監視され、龍馬はすでにその網の目に捉えられていた。寺田屋事件が起こったことは偶然ではなかったのだ。

寺田屋事件前夜

翌一九日、龍馬は川船に木場伝内から借り受けた薩摩藩の船印を立てて淀川を上り、伏見寺田屋に到着した。そして、二〇日夜、龍馬は池と新宮を伴って密かに京都市中に入ったが、三吉を寺田屋に残した。当初は薩摩藩の二本松藩邸に逗留するも、龍馬は風邪で寝込んでしまい、翌二一日になって、木戸孝允と合流するために小松帯刀《たてわき》邸に移動している。その後の「小松・木戸覚書」に至る展開は前章の通りだが、龍馬が単身伏見の寺田屋に戻ったのは二三日であった。

この間、三吉は幕府方の厳しい追跡に遭っていた。二一日には、「新撰組廻番昼夜厳重人別を改む、依て此時は二階夜具入物置等に潜み其場を避る」、つまり〝新選組の探索を受けたが、物置に潜んで難を逃れた〟としている。翌二二日も禁裏御守衛総督の一橋慶喜《よしのぶ》が宇治に下向するため、伏見界隈の宿屋は厳重に探索が行われ、寺田屋も薩摩藩士が一名(三吉のことか)宿泊中ということで探索を受けている。結局、不審な者はいないということになったものの、三吉は「益《ますます》寸暇も油断不相成《あいならず》、依て用意の銃槍夜具中に手当致し覚悟す」と、〝ますます瞬時も油断できないとして、夜具の中に武器類を忍ばせる〟ほどだった。そして、運命の二三日を迎える。

その日、龍馬は一人で伏見を訪れたが、当面は京に滞在するつもりで、寺田屋に残しておいた三吉を同道させるためであった。龍馬の在京の理由ははっきりしないが、ユニオン号事件の解決に向け、小松帯刀と話し合うためだったのではないだろうか。木戸書簡（龍馬宛、一月二三日）では、〝ユニオン号の問題は些細《ささい》なことではあるが、龍馬も承知の通り、（木戸にとっては）はなはだしく困り苦しむ案件である〟と心情を吐露している。そして、〝長州藩海軍の興廃に関わる重要案件である〟とし、〝小松が承知してくれなければ、なす術がなく困り果て、海軍は廃滅する〟とまで嘆いている。

木戸は龍馬にその苦しい胸の内を述べることによって、暗に周旋を依頼したと考える。そして、龍馬は自らが本件に関与したこともあり、小松に対して善処を求めたことは明白であろう。寺田屋事件によって、先送りになったものの、その後、二月六日に小松はユニオン号事件の解決に向け、使者として村田新八《しんぱち》と川村純義《すみよし》を長州藩に派遣していることがその証である。

寺田屋事件

さて、二三日の夜、龍馬は三吉に「小松・木戸覚書」に至る顚末《てんまつ》を語り、「王道回復」

を祝して盃を傾け、翌朝の上京に備えて仮眠を取っていた。午前二時頃、龍馬の妻・龍《りょう》（お龍）が階上に駆け上がり、幕吏によって囲まれていることを知らせた。捕り手は伏見奉行の林忠交《ただかた》（肥後守）配下の幕吏であり、これは京都所司代・松平定敬《さだあき》の命によった。捕り手の人数は定かではないが、龍馬自身は木戸に対し、与力・同心二〇名ほどであったと伝えている。室内だけでなく、外を取り囲む捕吏も入れると、最低でもこの倍以上であったことは容易に察しがつくが、それにしても物々しい。

踏み込まれた龍馬はピストルで、また三吉は槍で応戦し、数名の死傷者が出たが、詳細は不明である。龍馬自身は、木戸に一人を射殺したと告げている。いずれにしろ、死者が出た事実は、龍馬を幕府のお尋ね者とする格好の口実となり、龍馬の人生を左右することになった。龍馬はピストルを構えた手先を斬りつけられ、両手に深手を負ってしまい、戦闘不能に陥った。それでも三吉が捕り手目がけて突撃をしようとするのを押しとどめ、二人は死者が出て相手方が怯《ひる》んだすきに屋外に脱出した。そのまま捕吏を避けつつ村上町川岸の材木納屋に逃げ込んだ。

龍馬が思いの外重症であり、逃げ果《おお》せないと悟った三吉は、ここで腹を斬ろうと龍馬に迫った。しかし、「死は覚悟の事なれば、君は是より薩邸に走附け、若《も》し途に於《おい》て敵人に遇は丶必死夫迄《それまで》なり、僕も亦《はなは》だ此処にて死せんのみ、時既に暁《あかつき》なれは猶予《ゆうよ》六ヶ敷《むずかしき》」と逆に諭され、三吉は薩摩藩の伏見藩邸に応援を求めるという一か八かの賭けに出た。三吉が伏見藩邸に到着したところ、お龍がすでに異変を報じていた。救出に向けて準備をしていた大山彦八《ひこはち》らを三吉が案内し、ようやく龍馬は虎口《ここう》を脱した。

龍馬、薩摩藩邸に匿われる

伏見奉行所は翌二四日夜には、龍馬らの潜伏先が薩摩藩邸であると突き止めたものの、その日の午後には、京都藩邸から武装した藩兵が一五人ほど伏見藩邸に到着していることを確認しており、すでに手出しができなくなっていた。規模の小さな伏見藩邸は人数も少なかったため、万が一に備えて応援部隊を求めたのであろう。

なお、龍馬らは二月一日になって、「西郷大人の命にて、両人（龍馬と三吉）共上京可致《いたすべき》との事」と、西郷の指示により、お龍を含む三人は吉井友実《ともざね》に率いられた薩摩藩兵一小隊に護衛され、京の二本松藩邸に移動した。西郷は龍馬らを出迎え、三吉に対しても「初めて面会すと雖《いえど》も其《その》懇切なる事親子の情の如《ごと》し」と、その対応は丁寧を極め、三吉を感激させている。西郷は龍馬との連絡係ではあったが、それにしても情が深い。

なお、これ以降、二九日に京を出るまでの間、「是《これ》より日々時勢の動静或《あるい》は諸建白尚《なお》西郷君の他人へ尋問等之件々懇篤に談有之、諸有志の士昼夜二、三名当体所へ来り慰労して相語る」と、龍馬らは薩摩藩士の慰問を受け、時勢について論じている。そのメンバーは、小松、島津伊勢《いせ》、桂久武《ひさたけ》、大久保利通《としみち》（二一日に鹿児島から帰京）、岩下方平《みちひら》、伊地知正治《いじちまさはる》、村田新八、桐野利秋《としあき》、西郷従道《つぐみち》、大山巌《いわお》、内田政風《まさかぜ》、野津鎮雄《のづしずお》らで、龍馬に対する薩摩藩の待遇の篤さがうかがえる。龍馬は薩摩藩にとって、重要人物であったのだ。

御容捨これ無き方

ところで、寺田屋事件を知った木戸孝允は龍馬に書簡（二月二二日）を送り、「兄伏水之御災難、ちょっと最早《もはや》承り候ときは骨も冷く相成驚入候処、弥《いよいよ》御無難之様子巨細承知仕、雀躍《じゃくやく》に堪えず候」と、事件の一報が届いた際は、背筋が凍りつくほど驚いたが、無事であることを詳細に聞き及び飛び上がるほど喜んだと伝えている。一方で、「狐狸《こり》之世界か豺狼《さいろう》之世間か、更に相分らぬ世の中に付、少敷《すこしく》天日之光り相見へ候迄は必々何事も御用心、神州之為御尽力肝要之御事に存じ奉り候」と、まったく何が起こるか分からない世の中なので、日本のためにも、細心の用心が肝要であると龍馬への忠告も怠らなかった。

さらに、木戸は「諸兄（龍馬、中岡慎太郎《しんたろう》、池内蔵太）呉々も御疎なく御注意、賊手に御陥り無之様偏《ひとえ》に奉祈念候《きねんたてまつり》」と、龍馬以外の中岡や池にも注意を促している。この土佐藩浪士三名がいかに長州藩にとってかけがえのない人材であったかが理解できる。これ以降、龍馬と木戸との関係はさらに親密になる。木戸は「大兄は御心之公明と御量之寛大とに御任せ成され候而、兎角《とかく》御用捨これ無き方に御座候」と評している。龍馬のスケールの大きさを褒めちぎりながらも、豪放磊落《ごうほうらいらく》な中に潜む不用心さを暗に指摘しており、龍馬の性格や両者の親密ぶりを考える上で参考になる一文である。

第二次長州征伐へ

それでは、「小松・木戸覚書」成立以降の政情について、概観しておこう。

薩摩藩・島津久光《ひさみつ》は抗幕志向を明確にし、主だった藩要路を京都から帰藩させる方針であった。しかし、切迫した中央政局を考慮すると、なかなか実現しなかったが、鹿児島での藩政改革が遅々として進まないこともあり、小松、桂、西郷らの帰藩が急がれた。一方で、長州藩では事実上、木戸をトップとする藩政府が誕生し、大村益次郎《ますじろう》による軍制改革も首尾よく進められていた。いよいよ、幕長戦争への準備は整ったのだ。

慶応二年（一八六六）六月七日、幕長戦争（第二次長州征伐）が開戦となった。幕府軍は一年以上に及ぶ大坂での滞陣にうんざりしており、悪いことに病気も蔓延し、士気は下がる一方であった。しかも、薩摩藩をはじめとする諸藩は出兵を拒否しており、戦闘前から幕府の敗北が予想されるレベルにまで低下していた。実際の戦闘は、従来言われている兵器の性能の差の問題よりも、士気の問題に加え、長州藩の散兵戦術や武器取り扱いの熟練度がはるかに幕府を凌駕《りょうが》していたことから、戦局は長州藩が有利に進めていた。

さらに、七月二〇日に将軍・家茂《いえもち》が大坂城で急逝し、幕府は長州藩に大敗を喫した。慶喜は将軍職は固辞したものの、徳川宗家の家督を相続し、孝明《こうめい》天皇が戦闘の継続に固い意志を示していたため、長州征伐の継続を願い出て、自らが出陣する勢いを示した。しかし、小倉など九州方面での敗報が届くと一転して、八月二〇日に戦闘中止の勅命を獲得し、それと同時に諸大名を召集して「天下公論」で国事を決める姿勢を示した。

薩摩藩・大久保利通はこの将軍空位期を好機と捉え、諸侯上洛の朝命を利用して諸侯会議を実現し、さらに将軍職を廃止することを画策した。しかし、島津久光は流動的な中央政局に介入するのは時期尚早として上京を見送り、藩政改革にあたっていた小松帯刀が名代として、西郷を伴って一〇月二五日に上京した。

一二月五日、慶喜は満を持して将軍に就任し、薩摩藩の野望はくじかれたかに見えた。しかし、慶喜の最大の庇護者である孝明天皇が二五日に天然痘で薨去《こうきょ》したため、事態は再び混沌《こんとん》となった。ここで慶喜は、政局運営を安定させるため方針転換を図り、有力諸侯との連携を模索した。とくに、最大の難敵とも言える薩摩藩との連携は最重要な課題として慶喜にのしかかった。

薩摩藩と幕府

こうした機運を敏感に察知した小松は、慶喜が薩摩藩を中心とする西国雄藩と連携して政局運営を図るのではないかと期待し、当面は朝廷工作を控えて直接幕府と交渉することを選択した。それに応じて慶喜は、側近を小松のもとにしばしば派遣して、明治天皇の践《せん》祚《そ》(31)を機に行われた大赦や五卿の京都復帰などについて、意見調整を行うなど蜜月関係が構築された。

(31) 皇嗣が天皇の位を受け継ぐこと。もとは即位と同義だったが、桓武《かんむ》天皇の時より別日に行うことが常例となる折しも長州藩の処分をどのようにするかという問題に加え、通商条約に定められた兵庫開港の期日が切迫していたため、小松・西郷はこの機会を逃さなかった。慶喜サイドからのアプローチを逆手に取り、諸侯会議を至急開催して外交権を幕府から朝廷に移管することによって、なんとか廃幕に持ち込もうと画策した。慶応三年（一八六七）二月一日、西郷は鹿児島に帰藩し、久光に上京を促し、賛同を得た。さらに、伊達宗城《むねなり》と山内容堂《ようどう》のもとに駆けつけて説得し、双方からも上京の了解を得た。一方で、京にいる小松は越前藩の家老を説得し、松平春嶽《しゅんがく》の上京を約束させた。

四月一二日、久光は七〇〇人の藩兵を率いて京に入り、春嶽、宗城、容堂もそれに続いたため、四侯会議のメンバーが出そろうことになった。しかし、慶喜はこれら諸侯の上京を待たずに、諸外国公使に兵庫開港を明言し、独断で開港勅許を要請した。これは明らかに諸侯をないがしろにした裏切り行為に他ならず、四侯会議の前段階ですでに慶喜と四侯間に亀裂が入っていたのだ。少々、話が進み過ぎてしまった。次章では「小松・木戸覚書」成立後に時間を戻し、その後の龍馬の動向を追っていこう。

第一三章　龍馬社中と土佐藩復帰
——薩摩藩士・土佐藩士の二面性

龍馬、鹿児島へ

慶応二年（一八六六）三月四日、龍馬はお龍《りょう》を伴い、小松帯刀《たてわき》、桂久武《ひさたけ》、西郷隆盛《たかもり》とともに薩摩藩の蒸気船・三邦丸に乗り込み、大坂を出発して鹿児島に向かった。その目的は、寺田屋事件で負った傷の治療であり、また、事件のほとぼりが冷めるまで幕吏から身を隠すためであった。情報探索のため二月後半に上京し、薩摩藩邸に潜入していた中岡慎太郎《しんたろう》と、寺田屋事件で生死をともにした三吉慎蔵《しんぞう》も同行し、六日に両名は下関で下船した。

三月一一日、鹿児島に到着した龍馬は、吉井友実《ともざね》の誘いを受けて、一六日に霧島《きりしま》方面に向かい、日当山《ひなたやま》温泉、塩浸《しおひたし》温泉、栄之尾《えいのお》温泉などをお龍とともに堪能した。その間に湯治中の小松を見舞い（小松は足痛など、体調不良に悩まされていた）、霧島山へ登山し、鹿児島に戻ったのは一ヶ月ほど経った四月一二日であった。身の危険もなく、新妻と友人を伴ったこの温泉旅行は、龍馬の人生で最良の時間であったかもしれない。一四日には、薩摩藩の富国強兵と殖産興業のための人材の育成に取り組む開成所も見学している。

ワイルウェフ号の沈没

さて、龍馬が鹿児島滞在中にワイルウェフ号の沈没事件が起こっている。ワイルウェフ号はプロイセンで建造された木造小型帆船のことで、慶応二年三月二六日に、薩摩藩の長崎聞役《ききやく》の汾陽次郎右衛門《かわみなみじろうえもん》から長崎奉行所に、グラバーからの購入希望が出されている。おそらく、四月上旬には購入されたであろう。そこに、薩摩藩が長州藩に借用を依頼していた粮米《ろうまい》を積んだユニオン号（桜島丸）が長崎に入港してきた。そこで、ワイルウェフ号はユニオン号によって鹿児島へ曳航されることになった。その目的は命名式、航海訓練、そして物産運搬であった。

両船は四月二八日に長崎港を出発したが、五月一日、にわかに天気が急変し、翌二日に五島列島の中通島の潮合崎《しおやざき》沖でワイルウェフ号は沈没した。龍馬はユニオン号が一日に鹿児島に入港したと「坂本龍馬手帳摘要」（『坂本龍馬関係文書』二）に記していることから、ユニオン号は一日の早い段階で、止むを得ずワイルウェフ号を切り離し、鹿児島に急行したと考える。

龍馬は、「丙寅五月二日ワイルウェフ破船五島塩屋崎ニ於《おい》テ死者十二人。船将黒木小太郎。士官池蔵太。水夫頭虎吉、熊吉。水夫浅吉、徳次郎、仲次郎、勇蔵、常吉、貞次郎、加蔵、幸助、〆十二人」と犠牲者の名前を挙げている。救助されたのは、瀬戸内海の塩飽《しわく》諸島出身で勝塾門下の浦田運次郎、水夫の一太郎と三平、小松帯刀家来の村山八郎次の四人のみであった。通説では、「ワイルウェフ号は薩摩藩が購入し亀山社中、つまり龍馬に貸与されることが決まっており、亀山社中のメンバーが乗り込んでいた」とされる。前述の通り、亀山社中は慶応元年の段階ではなかったと論じたが、果たしてこの慶応二年の段階では存在したのだろうか。

社中のメンバーが乗船していたのか？

まずは、この船の幹部であるが、船長は鳥取藩脱藩浪士の黒木小太郎だった。藩の剣道師範を務め、また千葉重太郎の門人であり、千葉を介して、龍馬と知りあったと考えるのが自然だろう。龍馬は黒木を「真剣勝負之時、平日之稽古と違ハず、人是《これ》をおどろく」

（慶応二年一二月四日、坂本権平一同宛書簡）と評しており、真剣勝負でも平常の稽古と同じように平然としており、その胆力を高く評価されていたことがうかがえる。

文久三年（一八六三）初頭、黒木は江戸で勝海舟《かいしゅう》の門人となり、翌元治《げんじ》元年（一八六四）に神戸勝塾で龍馬らとともに航海術の修業に打ち込んだ。勝の失脚後、元治二年二月一日、近藤長次郎《ちょうじろう》らと安行丸で鹿児島に向かった。その後の動向ははっきりしないが、近藤とは別行動をとっており、ユニオン号とも無関係であった。なお、龍馬との関係は上下関係ではなく、同士レベルであったと考える。

次に、士官は土佐藩脱藩浪士で歴戦の勇、池内蔵太《くらた》であった。池は「小松・木戸覚書」の締結時には龍馬とともに上京しており、さらに龍馬の鹿児島行きに同行し、慶応二年（一八六六）三月八日に長崎で下船していた。池は長州藩の海軍局に所属していた経歴を持ち、龍馬と同行したことを機会に薩摩藩に身を寄せ、その他の土佐脱藩浪士グループと同様、薩摩藩の海軍振興に一役買うことになったのではないだろうか。近藤の亡き後を委ねることができる人材として、白羽の矢が立てられていたのかもしれない。

この両者が、亀山社中に属していたとするのが一般的だが、この段階でも亀山社中の存在は確認できない。おそらく、小松帯刀が中心になってワイルウェフ号を購入したものの、本来であれば、薩摩藩への寄港を土佐脱藩浪士グループ（社中）に委ねたいのだが、彼らはユニオン号を操舵していたため使えなかった。そのため、旧勝門人グループの一人、黒木が船長に抜擢されたのであろう。一方で池は、龍馬の働きかけによって、ユニオン号かワイルウェフ号に乗船し、薩摩藩の期待に応えようとしたのではないだろうか。

龍馬、ユニオン号とともに長崎へ

薩摩藩士・坂本龍馬の「小松・木戸覚書」以降の在り方について、小松と西郷は意見交換をし、薩長融和の最大の功労者である龍馬に敬意を表しつつ、当面の薩長関係は生粋の薩摩藩士が担うこととし、龍馬という人材を当初の目的通り、海軍振興へと振り向ける決定を下したと考える。そこに五月一日、ユニオン号が入港した。薩摩藩はユニオン号の長州藩への完全譲渡の方針を決めており、長州藩に送り届ける必要があった。まさに、龍馬には打ってつけの仕事である。ここから、薩摩藩士・坂本龍馬の第二章が始まることになる。

慶応二年（一八六六）六月四日、船長の龍馬をはじめとして、運用士官・新宮馬之助《うまのすけ》、機関・菅野覚兵衛《かくべえ》、大砲兼測量・沢村惣之丞ら総勢一四人ほどがユニオン号に乗り込み、鹿児島を出発した。龍馬は、長崎でお龍を小曾根《こぞね》家に預けて下関に向かい、一四日に到着した。長州藩、そして海軍総督の高杉晋作《しんさく》はユニオン号の到着を待ちわびており、龍馬を大歓迎した。幕長戦争（第二次長州征伐）は六月七日に火蓋が切られ、龍馬の到着時にはすでに開戦から一週間が経過していた。高杉は、一刻も早く自軍に戦艦が欲しかったのだ。

六月一七日早朝、高杉が丙寅《へいいん》丸に乗船して癸亥《きがい》丸、丙辰《へいしん》丸も含めて指揮を執り、小倉藩領の田ノ浦を攻めた際、龍馬は高杉の要請に応え、ユニオン号改め乙丑《いっちゅう》丸の艦長として、丙辰丸とともに門司《もじ》浦を攻めて長州藩の勝利に貢献した。龍馬の最初で最後の実戦の場となったが、「誠ニ面白き事にてありし」（慶応二年一二月四日、坂本権平一同宛）と感慨を述べている。

長州藩主・毛利敬親に謁見する

龍馬の長州藩内での動向だが、慶応二年（一八六六）六月二〇日に白石正一郎《しらいししょういちろう》宅で高杉と面談し、その後、遅くとも六月二五日には山口に行き、三輪惣兵衛（醤油醸造、質商）宅に滞在した。龍馬は山口で歓待され、七月三日に下関に向けて出発するまで、六月二七日、七月一日に接待の宴席が設けられ、二日には送別会も開かれた。とくに一日は盛大であり、木戸孝允《たかよし》、井上馨《かおる》らも参加して龍馬の労をねぎらった。

特筆すべきは、一日に「其時ハ長州侯ニもお目ニかゝり色々御咄しあり、らしやの西洋衣の地など送られ」（慶応二年一二月四日、坂本乙女宛）と、この間の薩長融和、ユニオン号運搬や幕長戦争での功績から、藩主・毛利敬親《たかちか》に謁見を許され、羅紗の西洋服の生地まで下賜される栄誉を得ていることである。龍馬もその夜の宴席で、謁見に尽力した木戸らに謝辞を述べている。

確かに、木戸らの尽力がなければ、藩主への謁見はあり得なかったかもしれないが、龍馬が薩摩藩士の肩書を持っていたからこそ、可能となったことは明白である。それにしても、近藤長次郎に匹敵する厚遇である。なお、このエピソードは重要なはずだが、意外にもこれまでの龍馬関連の書籍ではほとんど取り上げられていない。これはひじょうに不思議な現象である。

薩摩藩士・龍馬の足取り

龍馬は山口の小郡村経由で慶応二年（一八六六）七月四日に下関に戻っているが、ここからの龍馬の足取りは摑みにくい。先ほどの乙女宛の書簡の続きに、「夫より国（薩摩）ニかへり、其よしを申上て二度長崎へ出たりし時ハ、八月十五日ナリ」と出てくる。龍馬はユニオン号の譲渡、幕長戦争の状況、自身の行動を鹿児島に報告するために戻ったのだろう。なお、龍馬は七月二七日に長崎から書簡を出しており、その前後は長崎に滞在していることが分かる。

この間、つまりユニオン号を引き渡した後、龍馬に難題が持ち上がっていた。龍馬ら脱藩浪士は、薩摩藩士や小松の陪臣としてその後も身分を保証されていたが、水夫たちは長州藩が雇ってくれない場合は行き場がなくなる運命にあった。龍馬らが長崎経由で鹿児島に戻ろうとした際、長崎で止むを得ず水夫に暇を出したところ、去る者は数名でその他は死ぬまで一緒にいたいと申し慕るので、困惑したものの鹿児島に連れ帰ったと三吉慎蔵に書き送っている（七月二八日書簡）。その後、龍馬は再度鹿児島に行き、八月一五日には長崎にいた。つまり、この一か月半の間で、鹿児島、長崎を二往復はしている。龍馬は相変わらず、薩摩藩士なのだ。

天下の人物

ところで、龍馬は坂本権平一同宛の書簡（一二月四日）の中で、天下の人物を書き送っているが、龍馬の人物観を知ることができる貴重な史料なので列挙しよう（原文のまま）。

当時天下之人物と云ハ、
徳川家ニハ大久保一翁《いちおう》（忠寛《ただひろ》）、勝安房守《あわのかみ》（海舟）。
越前にてハ三岡八郎《みつおかはちろう》（由利公正《ゆりきみまさ》）、長谷部勘右衛門（恕連《よしつら》）。
肥後ニ　横井平四郎（小楠《しょうなん》）。
薩にて　小松帯刀。是ハ家老にて海軍惣大将なり
西郷吉之助《きちのすけ》。是ハ国内軍事に懸る事国家之進退此人ニ預る
長州にて　桂小五郎《こごろう》。国家之進退を預る。当時木戸寛次郎《かんじろう》
高杉晋作。此人ハ軍事ニ預る、此人下の関に出小倉攻之惣大将、当時谷《たに》潜蔵《せんぞう》

そのほとんどが、本書にも登場する人物であり、龍馬が多方面に広くネットワークを構築するだけの人物を見抜く眼力を備えていたことが実感できる。

さて、薩摩藩士・坂本龍馬は海軍振興に従事しはじめたが、同書簡にはさらに重要な記

述が含まれる。そこには、「私唯今《ただいま》志延而《のべて》、西洋船を取り入たり、又ハ打破れたり致し候ハ、元より諸国より同志を集め水夫を集め候へども、仕合セにハ薩州にてハ小松帯刀、西郷吉之助などが如何程やるぞ、やりて見候へなど申くれ候つれバ、甚だ当時ハ面白き事にて候。どふぞ〳〵昔の鼻たれと御笑被遣間じく候」と、事情が記されている。

これによると、〝龍馬の現在の志は海軍、海運にあり、すでに諸藩から同士（脱藩浪士）や水夫を集めているが、外国船を手に入れたり、修理をしたりする場合、ありがたいことに薩摩藩には小松や西郷が居てくれる。彼らは龍馬の構想がどれほど壮大であっても、やって欲しいと言ってくれており、まったくもって面白いことになってきており、昔の洟垂れ小僧とは思わないで欲しい〟と述べている。

龍馬社中の誕生

龍馬の役割は、薩長融和のための周旋活動であったが、「小松・木戸覚書」以降、龍馬らが薩摩藩に受け入れられた当初の役割である海軍振興に戻った。しかし、小松による海軍所、海軍局設置によって士官教育が充実し、慶応二年（一八六六）後半には薩摩藩では龍馬らに海軍振興を依頼する必要性は低くなっていた。それに伴い、龍馬らに求められた

図11　海援隊士。左から3人目が龍馬　国立国会図書館蔵

あらたな役割は、主として富国強兵の礎になる経済的利益、すなわち海運に移ったのであろう。

それに止まらず、薩摩藩は龍馬が志向した商業活動や開拓事業まで広く認め、さらには幕長戦争に加担したように、海軍としての役割も期待していたかもしれない。これらは、後の海援隊約規の「運輸、射利、開柘（拓）、投機、本藩ノ応援」に符合する。その起点は、龍馬がユニオン号運搬を契機に土佐脱藩浪士グループを含む旧勝門人グループや旧幕府水夫などを統率しはじめたことに求められ、これ以降、龍馬を中心とした「龍馬社中」と化し、後に海援隊となる。

龍馬社中は、龍馬ら薩摩藩士と陪臣（小松家お抱え）を中心とした薩摩藩の外郭団体的な位置づけであり、社中の役割を海運などに変更する決定は慶応二年一〇月、小松と西郷が上京時に長崎に立寄り、龍馬と会談した時と考える。龍馬が鹿児島・長崎を往復している間に、おおよその了解はついていたであろうが、その会談で、前述の「龍馬の構想がどれほど壮大であっても、やって欲しい」ということになったと考える。そして、この一〇月から薩摩藩は活動資金として、龍馬、菅野覚兵衛、高松太郎、新宮馬之助、沢村惣之丞、白峯駿馬《しゅんめ》、陸奥宗光《むねみつ》の七名に対し、月三両二分を支給しはじめた。

大極丸の購入と使用

薩摩藩は龍馬社中がお膳立てした大極丸を購入し、これを龍馬社中の使用に供している。そもそも、艦船は藩が奉行所経由でしか購入できないため、薩州聞役の汾陽次郎右衛門に仲介をしてもらい、当初、龍馬は薩摩藩からの出費はなしで、自らの才覚で何とか購入費用を調達しようとした。そのことは小松も了承していたが、資金足らずで断念し、結局小松に購入を頼み込んだのではないだろうか。小松も了解したものの、正規会計とは別で何とかした模様である。

ちなみに、『薩藩海軍史』ではワイルウェフ号を大極丸としている。そのように名付けることが了解済みであったのかもしれないが、いずれにしろ、龍馬社中に供した大極丸は、薩摩藩の艦船として正式にはカウントされていない。ここからも、小松が非正規の会計として手当したことがうかがえよう。

小松が期待した龍馬の役割

こうまでして小松が龍馬社中にさせたかったことは何だろうか。一点目は、薩摩藩の藩際交易（藩同士の交易）拡大の支援である。当時、薩摩藩は越前藩との交易を推進していたが、ここに長州藩を加えるにあたり、龍馬のネットワークや手腕を期待したのだろう。龍馬は薩摩藩の五代友厚《ともあつ》とともに馬関商社の設立を長州藩に求めた。そのこと自体は不首尾であったが、木戸孝允の斡旋《あっせん》で長州藩の交易を担う越荷方《こしにかた》とのパイプを確立していた。

二点目は、蝦夷開発計画である。これは龍馬のプランで、薩摩藩も出資して加わろうとしたのではないかと考える。一歩間違えば、幕府や諸藩との係争になりかねない案件であり、薩摩藩としては、外郭団体の龍馬社中に任せておけば、いざという時に責任の所在を曖昧《あいまい》にできると踏んでいたのだろう。

そしてここに、大きな三点目が加わる。薩長融和路線に土佐藩を巻き込むことである。

これは龍馬社中というより、龍馬個人に課せられたものである。そもそも、文久期にはこの三藩は協同体制を採っていたが、山内容堂《ようどう》が極端な幕府支持、勤王党弾圧に舵を切ったため、土佐藩は脱落していた。薩摩藩のみならず、薩長両藩にとって、抗幕体制を続けるためには、西国雄藩の中で連携可能な有力な藩を見つける必要があったが、この後述べる土佐藩・山内容堂の方針転換を大きなチャンスと捉えたのだ。

小松と西郷は龍馬と相談を重ね、その結果龍馬が何らかの形で土佐藩に復帰し、土佐藩内部から薩長への接近を図り、廃幕を推進することを決定したのではないだろうか。もちろん、龍馬の土佐藩への郷党意識が働いたことは間違いないだろうが、それを超えた政治的決断が働いたのである。その実現のため、長州藩を「出し」に使い、まずは土佐・長州両藩の連携確立からはじめたと推測する。なお、もしかすると、消極的な事由として、当時過度な財政難にあった薩摩藩にとって、外郭団体的な龍馬の活動に関する資金が問題になっていたのかもしれない。

土佐藩の抱き込み

一方、土佐藩の事情であるが、山内容堂は保守反動的な動きを示し、土佐勤王党を大弾圧し、武市半平太《たけちはんぺいた》をはじめとする俊英の断罪を繰り返してきた。しかし、さすがの容堂も時勢に対する認識を改めはじめており、それまでおろそかにしてきた情報収集に力を注ぐことにした。差しあたって、佐々木高行《たかゆき》、毛利恭助《きようすけ》、中山佐衛士の上士三名と島村寿太郎、佐井寅次郎、藤本潤七の下士三名が九州探索を命じられ、宇和島経由で慶応二年（一八六六）九月二三日に大宰府《だざいふ》に到着した。

ここで頼りになるのは五卿付の土佐藩脱藩浪士であり、その代表は土方楠左衛門《ひじかたくすざえもん》であった。その土方から幕長戦争の状況などとともに、薩長融和の実態を知らされた六名は大きなショックを受け、上士組は容堂に報告するため直ちに帰国し、下士組は龍馬と中岡慎太郎に今後の土佐藩の指針を相談するため京都を目指した。大久保利通《としみち》は日記（一〇月二〇日条）に、土佐藩士らが容堂の密命によって九州探索に向かったものの、彼らが方針を大転換して上京したと記している。

小松ら薩摩藩の要職は、容堂の姿勢に変化が生じてきたことを敏感に察し、土佐藩の抱き込みを図ろうとしたことは容易に察しが付く。さらに、長州藩・木戸孝允も土佐藩を薩長陣営に引き込もうと考えた。その流れで、当時長崎で砲術を学んでいたとされる溝渕広《ひろ》之丞《のじょう》、彼は嘉永六年（一八五三）、龍馬の江戸での剣術修行に同行した人物であるが、今回、重要な役割を果たすこととなる。

後藤象二郎からの接近

慶応二年(一八六六)一二月一五日前後、木戸孝允は下関で龍馬から溝渕広之丞を紹介された。その内容は明らかではないが、長州、土佐両藩の連携について、前向きな意見交換がなされたと考える。この会談のバックには、七月から長崎に来ていた土佐藩参政の後《ご》藤象二郎《とうしょうじろう》の存在があった。後藤は土佐藩の富国強兵、殖産興業を推進する開成館のトップとして長崎に来ていたが、政治情勢の激変に対応するため、長州藩や薩摩藩とのパイプ役を求めていた。すでに、龍馬がどのような人物かを認識していた後藤は、龍馬と懇意の溝渕に白羽の矢を立て、龍馬および長州藩への接近を図った。

こうして、後藤の意を受けた溝渕は龍馬の斡旋で木戸との会談を実現した。土佐藩が尊王へ藩論を回復させ、文久期のような薩長土三藩の連合復活を期待する木戸の意向を、後藤に伝えた。さらに、溝渕は機関学校助教で後藤と一緒に長崎に来ていた松井周助とともに、後藤・龍馬会談の実現に向けて尽力した。あるいは、木戸・溝渕会談に先立ち、後藤・龍馬会談も大枠がセッティングされていたのかもしれない。

後藤・龍馬会談

慶応三年（一八六七）一月一三日頃、龍馬は溝淵と松井の仲介により、後藤と長崎の清風亭で会談を実現した。具体的な内容は分からないが、龍馬の書簡（木戸宛、一月一四日）でおおよその雰囲気は察することができる。そこには「重役（後藤）共又竊《ひそか》に小弟（龍馬）にも面会仕候故、十分論《ろんじ》申候。此頃ハ土佐国ハ一新の起歩相見へ申候」と書かれている。つまり、龍馬が〝後藤と面談したところ、土佐藩の幕府一辺倒の藩論は一新していた〟と述べている。

続けて、「当時（現在）ニても土佐国ハ幕の役にハ立不申《もうさず》位の所ハ相はこび申候。今年七八月にも相成候へバ、事により昔の長薩土と相成可申と相楽ミ居申候」と、〝現在では土佐藩は幕府の役に立たなくなっている。そして、今年の七月か八月には文久期のような、薩長土三藩による連携が成し遂げられているのではないかと楽しみである〟と楽観的に伝えている。かつて、土佐勤王党を弾圧した敵対者である後藤に対する寛容性と忍耐力、それを梃にして時代を回転させようとする龍馬の凄みを感じる。一方で、それは後藤にも言えることであり、双方のしたたかさには舌を巻く思いである。

龍馬の土佐藩帰参

この会談によって、龍馬の土佐藩復帰が現実味を帯びてくる。この後、後藤は福岡孝弟《たかちか》と図り、龍馬が土佐藩へ帰参する方針および段取りを決めたのであろう。ところで、龍馬復帰の経緯はどのようなものだったのだろう。

通説では、「慶応三年（一八六七）二月一六日、四侯会議開催により、山内容堂の上京を要請するために西郷隆盛《たかもり》が土佐まで来て謁見した際、龍馬の脱藩赦免を要請した」とされる。しかし、それを直接伝えるような一次史料は存在しない。

実は、このことを龍馬自身が語っている。龍馬は菅野覚兵衛・高松太郎宛書簡（四月二八日）の中で、「小弟（龍馬）をして海援（隊）長と致し、諸君其まゝ御修業被成候よふ、つがふ付呉候。是西郷吉（之助）が老侯（容堂）にとき候所と存候。福岡藤次郎（孝弟）此儀お国より以て承り申候」と述べている。これによると、〝龍馬が海援隊長となり、菅野らもそのまま海軍修行ができるように都合がつけられた〟とし、それを〝西郷が容堂に直接依頼した。そして福岡が土佐から長崎にやって来て龍馬に伝えた〟ということである。

ここから分かることは、西郷が龍馬の土佐藩復帰に何らかの大きな役割を果たしている事実である。西郷は容堂に謁見する前、大監察の福岡と龍馬を海援隊長として土佐藩に復帰させる算段をし、実際に会ったときに容堂に依頼し、脇にいた福岡もそれに賛同する素振りを見せたのではないだろうか。ただ、容堂の反応は不明であり、そもそも、脱藩赦免に直接の言及はない。なおこの時、中岡慎太郎についても、何らかの話があったはずである。

一方で、龍馬は姉の乙女に対して「私しが土佐に帰りたりときくと、幕吏が大恐れぞ、はやきをもみ申候」（四月七日）（私が土佐藩に帰藩したら、幕吏が大いに恐れて胆を冷やす）と伝えており、土佐藩に復帰したとも読める。さらに、寺田屋伊助宛書簡（四月二八日ないし五月中旬）には、「私儀此頃老主人（容堂）よりよび帰しニ相成候て、国許へハ不帰《かえらず》、其まゝ長崎ニ於て、兼而《かねて》召つれ候人数を御あづけ被申ことにて、私おして海援隊長と申付、則長崎ニて一局（がくもんじょナリ）を開キ諸生のセ話致し申候」とある。

これを素直に読むと、龍馬は容堂から帰藩、つまり脱藩を許されたが、国許には帰らず、長崎で龍馬社中の面々を預けられた。そして、龍馬が海援隊長に任じられ、そのまま長崎で一局（学問所。海援隊か）を開いて書生（社中メンバー）の世話をしている。つまり、龍馬は容堂によって赦免されていることになる。

ところで、卯（慶応三年）二月の「覚」として、郷士御用人権平弟坂本龍馬と中山郷庄屋源平伜《せがれ》中岡慎太郎の両名に対し、その父兄が藩庁に呼びだされ、「右は先年御規律を犯し、他邦に罷在趣、これに依って御国典処さるべき筈之処、深御含之筋在らせられ、御宥《ゆう》恕《じょ》仰付けらる、此段御呼返之上以後別儀無く、これを仰付けらる」（龍馬らは脱藩の罪に問われて、土佐藩の処罰を受けなければならないが、深い思し召しからその罪を許されることになった。帰藩後は、別状なく宥免を申しつける）と、『山内家史料　幕末維新』に記載されている。これに従えば、二月段階での完璧な脱藩赦免である。とはいえ、薩摩藩士として活動していた龍馬である。薩摩藩の了解なくして龍馬の復帰は不可能であり、久光も納得しての流れであったのではないか。

半分が薩摩藩士、半分が土佐藩士

さて、ここでやや疑問なのは、脱藩に対する考え方である。龍馬の脱藩を土佐藩はそこまで重く捉えていなかったのではないだろうか。中岡慎太郎は長男であったため、藩として正式に赦免が必要だったが、そこに龍馬は付け足されたか。いずれにしろ、龍馬の脱藩赦免は間違いないと判断してよさそうであるが、その事実は藩の上層部だけの秘匿事項であった可能性が高い。

ここで、もう一つの論点を提示したい。幕末の土佐藩研究における必読史料である『寺村左膳《さぜん》日記』の、龍馬が中岡慎太郎とともに暗殺された慶応三年（一八六七）一一月一五日条に、「此者両人とも近比之時勢ニ付寛大之意を以黙許せしと雖とも、元御国脱走者之事故《ゆえ》、未御国之命令を以《もつて》両人とも復籍の事ニも相成ず、其儘《そのまま》ニ致し有之故、表向不関係候事」とある。これによると、〃両名は最近の時勢から寛大の処置として黙許したものの、もともと脱藩者であるため、復籍には至らず、そのままになっているため、表向きは無関係である〃としている。

何を黙許し、また「復籍」とはどのような状態を指すのか。おそらく、脱藩罪は不問に付し、活動の自由を保障したものの、土佐藩士としての復籍は果たしていないということであろう。龍馬の復籍について、容堂の意向は分からないながら、少なくとも藩の要職の中には反対意見も存在していた。実態は半分が薩摩藩士、半分が土佐藩士だったか、あるいは、薩摩藩士として出向のような形で土佐藩にも帰属したと考える。そのため、自由に帰藩できず、土佐藩邸にも入れず、このことが龍馬暗殺の誘因となったとも言えよう。

第一四章　海援隊と薩土盟約
——龍馬の功績とその実相

土佐藩・福岡孝弟の参画

慶応三年（一八六七）三月、土佐藩から仕置役（後に参政）の福岡孝弟《たかちか》が長崎に派遣された。四月初旬に下関から長崎へと戻ってきた龍馬に福岡から脱藩赦免、海援隊長任命が伝達された。ここに「海援隊」が結成されたのである。龍馬・後藤会談（一月）で龍馬の赦免や海援隊結成が大筋議論され合意したと考えるが、そこに、福岡が加わったことで、福岡が中心となって陸援隊（慶応三年、中岡慎太郎が京都で組織した軍隊）構想と一体化させた海援隊・陸援隊の二隊からなる「翔天隊《しょうてんたい》」結成が企図されたと考えるのが妥当であろう。

福岡にはもともと、陸軍と海軍からなる軍事組織と位置付けられる、土佐藩の外郭団体設立の構想があり、まさにそれに合致したことになる。海援隊の命名者は龍馬ではなく、福岡であったかもしれない。とはいえ、福岡が具体的な海援隊の中身まで構想できていたかについては疑問である。そこは、龍馬社中を切り盛りし海軍にも造詣が深い龍馬以外に着想し得ないのではないだろうか。

龍馬はなぜ変名を用いたのか？

ところで、海援隊士となる長岡謙吉《けんきち》の筆記と思われる「海援隊日史」（『坂本龍馬関係文書』二）には、「坂本龍馬事才谷楳（梅）太郎　右者脱走罪跡被差免《さしゆるされ》海援隊長被仰付之但《これをおおせつけらるただし》隊中之処分一切御任セ被仰付之　卯ノ四月」の記載がある。ここに疑問が生じる。なぜ、坂本龍馬ではなく、変名の才谷梅太郎の名で隊長になったかである。龍馬は前年の慶応二年（一八六六）一月の寺田屋事件で、幕吏を射殺した前科があり、実名を前面に出すことは憚《はばか》られたのかもしれない。

また、前述の通り（217頁）、脱藩赦免、復籍不可であった場合、土佐藩の外郭団体のトップに坂本龍馬という名は憚られ、別人格として変名の「才谷梅太郎」の名が用いられたのではないだろうか。『寺村左膳日記』（慶応三年九月一四日条）によると、以下の注目すべき記載がある。寺村は山内容堂《ようどう》に近く親幕的であり、後藤象二郎《しょうじろう》や福岡の政治スタンスとは差異が見られる。龍馬に対しても冷ややかな視線を送っているが、当時参政として藩政の機密事項に精通しており、また、日記に虚偽の記載をしたとも考え難く、信頼に値する。

長崎ニ而《て》後藤象次郎《ママ》と出会し、後藤氏之許可を得而海援隊之長と成れり、今夏之比、伊予之海辺ニ而海援隊之船蒸気船（名号失念）航海中、紀州藩之蒸気船と衝突し而、之か為ニ海援隊之船沈没セリ、右之事ニ付、紀州家との談判ニ成、終ニ坂本方勝利を得而償金八万円を取り得しと云事也、是全く我本藩ニハしらず、素り海援隊なるものも本藩之物ニ無之《これなく》、聊《いささかも》関係無之訳なれとも、彼等ハ土州藩之名義を以《もつて》談判せるよし

これによると、〝龍馬は長崎で後藤と会談し、後藤の許可を得て海援隊長となった。今夏に起こった「いろは丸事件」[32]の談判で、龍馬は勝って償金八万円を獲得した。しかし、これらは全く土佐藩が知らないことで、そもそも海援隊は土佐藩に帰属しておらず、関係はないものの、土佐藩の名をもって談判した〟と記している。

ここから見えることは、海援隊（間違いなく陸援隊も）の結成は、後藤象二郎が福岡孝弟

と図って、自分たちの権限内で可能であるとの判断を下し、容堂や藩の要職の与《あずか》り知れぬところで、独断で進めたのであろう。そこのトップに龍馬らを就けるために、脱藩についてはとりあえず赦免の段取りを付けたものの、復籍には至らずといったところが真相ではないだろうか。

海援隊とはどんな団体か？

それでは、海援隊約規から隊の性格を見ておこう。入隊の資格として、「凡《およそ》嘗《かつ》テ本藩ヲ脱スル者、及他藩ヲ脱スル者、海外ノ志アル者此隊ニ入ル」と、土佐藩を脱藩したもの、他藩を脱藩した者、海外に志がある者とする。文字通りに解釈すれば、三つの資格が並列しているように見えるが、海外への志さえあれば誰でもよいのであれば、あえて「脱スル者」と規定する必要はないだろう。つまり、「脱スル者」は必須条件であり、そこに「海外ノ志」が加わることになる。土佐藩の外郭団体ながら、構成員はすべて浪人という異様

(32) 慶応三年四月二三日、海援隊運用の蒸気船いろは丸と紀州藩の軍艦が衝突し、いろは丸は沈没。賠償金を巡って土佐藩（龍馬）と紀州藩が長崎で談判して前者が勝利した事件

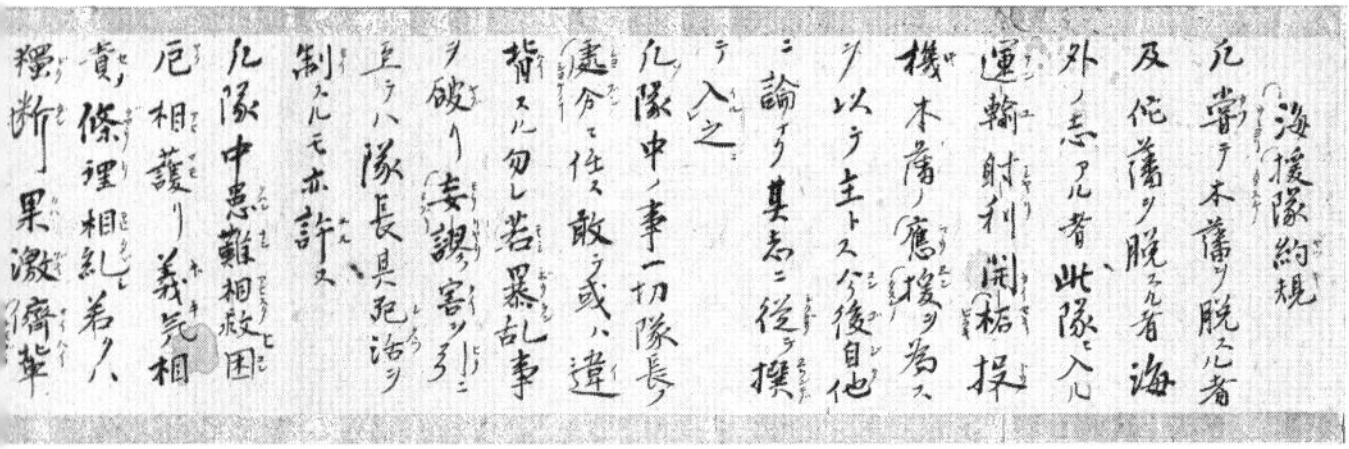
海援隊約規
凡嘗テ本藩ヲ脱スル者
及他藩ヲ脱スル者海
外ノ志アル者此隊ニ入ル
運輸射利開拓投
機本藩ノ應援ヲ為ス
ヲ以テ主トス今後自他
ニ論ナク其志ニ従テ撰
入之
凡隊中ノ事一切隊長ノ
處分ニ任ス敢テ或ハ違
背スル勿レ若暴乱事
ヲ破リ妄謬害ヲ引ニ
至テハ隊長其死活ヲ
制スルモ亦許ス
凡隊中患難相救困
厄相護リ義気相
責メ條理相糺シ若ハ
獨斷果激儕輩ノ

図12 海援隊約規　　高知県立坂本龍馬記念館蔵

さである。後藤と福岡の私設的な団体と考えれば、土佐藩をはじめ、どこの藩にも迷惑がかからない顔ぶれとなる。

目的は、「運輸、射利、開拓、投機、本藩ノ応援ヲ為スヲ以テ主トス」とあり、前述の通り、龍馬が志向した商業活動や開拓事業まで広く認めるものである。さらに、幕長戦争に加担したように、海軍として土佐藩に加担することも期待されていたのかもしれない。また、「凡隊中ノ事一切隊長ノ処分ニ任ス。敢テ或ハ違背スル勿《なか》レ。若《もし》暴乱事ヲ破り妄謬ノ害ヲ引クニ至テハ、隊長其死活ヲ制スルモ亦許ス」とあり、隊士の生殺与奪権を持つなど、隊長である龍馬の権限が絶大である。

次に、「凡隊中修業分課、政法、火技、航海、汽機、学語等ノ如キ、其志ニ随テ執之《これをとる》。互ニ相勉励、敢テ或ハ懈《おこた》ルコト勿レ」とあるが、〝隊士は法学、航海術、軍事、語学など、各自の志向に応じて修業すること〟が義務付けられた。〝勉学に切《せつ》磋《さ》琢《たく》磨《ま》し、怠ってはいけない〟と厳しく励むことを求められた。つまり、海

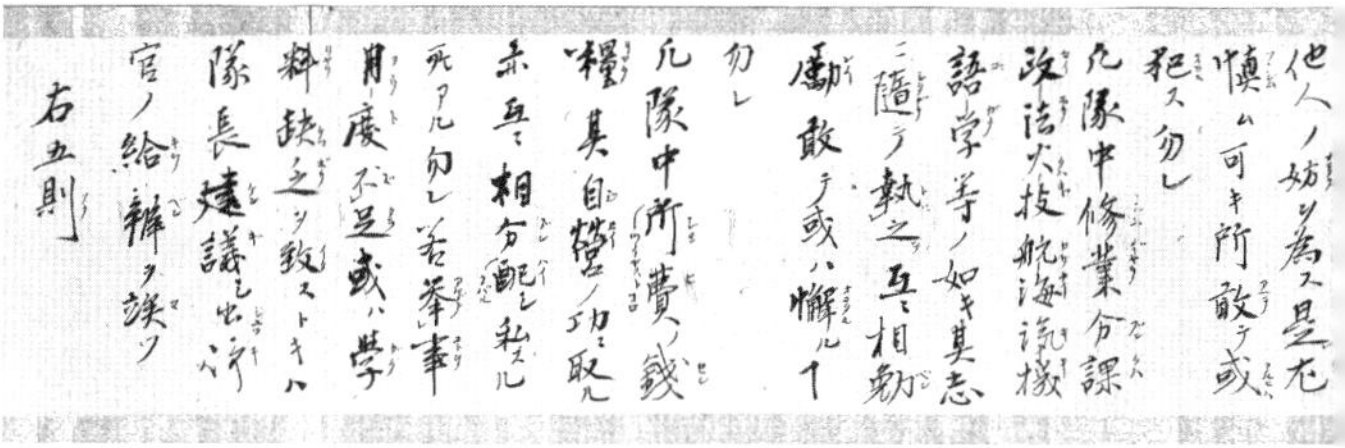
他人ノ妨ヲ為ス是尤慎ム可キ所敢テ或犯ス勿レ
凡隊中修業分課政法火技航海汽機語学等ノ如キ其志ニ随テ執之互ニ相勉励敢テ或ハ懈ルヿ勿レ
凡隊中所費ノ銭糧其自営ノ功ニ取ル亦互ニ相分配シ私スル所アル勿レ若挙事用度不足或ハ学料欠乏ヲ致ストキハ隊長建議シ出崎官ノ給辨ヲ竢ツ
右五則

援隊は教育機関でもあったのだ。

なお、主として運営経費に関する「凡隊中所費ノ銭糧、其自営ノ功ニ取ル。亦互ニ相分配シ、私スル所アル勿レ。若挙《ことをあげて》事用度不足、或ハ学料欠乏ヲ致ス、隊長建議シ、出碕官《しゅつき》ノ給弁ヲ竢《ま》ツ」の部分は、海援隊の性格を規定するものとして重要である。原則として、経費は自前であり、利益を上げる必要があった。一方で、土佐藩に上納する義務はなかった。とはいえ、赤字になった場合など、龍馬の建議によって土佐藩の出先役人である出崎官が補てんする取り決めであった。出崎官は後藤象二郎なので、相当融通が利くはずである。

以上から、海援隊は土佐藩の外郭団体というより、出崎官の私的機関であり、その権限を隊長に委譲した感が強い。寺村左膳の指摘した「土佐藩は与り知らず」ということが、ここでも明らかになったのではないだろうか。海援隊は土佐藩の半官半民的な機関であり、後藤と福岡が都合よく設置した感は否めない。繰り返すが、龍馬を隊長に就かせるため、復籍は後回しとなっても、脱藩赦免だけ急いだということだろう。

薩摩藩の方向転換、武力討幕へ

さて、当時の中央政局の動向であるが、前年の慶応二年（一八六六）一二月に将軍の座に就いた徳川慶喜《よしのぶ》は雄藩との協調を求め、諸侯と合議して兵庫開港や長州藩処分の決定を呼びかけた。薩摩藩の小松帯刀《たてわき》と西郷隆盛《たかもり》はこの機を利用し、幕府から外交権を朝廷に移管させ、なし崩し的に廃幕に持ち込もうと考え、島津久光《ひさみつ》、松平春嶽《しゅんがく》、山内容堂、伊達宗城《むねなり》による四侯会議の開催を画策し、上京を促し同意を得た、ということは前にも述べた（196頁）。

しかし、上京した四侯による会議は慶応三年五月四日以降、僅か三回しか開催されず、慶喜に謁見したのも一四、一九、二一日のわずか三日間で、容堂に至っては一四日のみの出席だけであった。薩摩藩の島津久光が意図したものとはほど遠く、実質的な成果は全くなかった。そして、二三日、丸一日に及んだ朝議「慶応国是会議」は紛糾を極めたものの、慶喜の粘りに屈し、長州藩への具体的な処分内容は曖昧《あいまい》なまま、長州への寛大な処分と兵庫開港が同時に勅許された。四侯側は要求をすべて退けられ、完敗であった。

この結果は久光にとって大いに不満であり、小松や西郷らも慶喜を排除した上で、朝政改革を断行すべきと考える契機となった。長州藩との共闘による武力発動、これは多数の藩兵を上京させ、武力を圧力装置として慶喜に将軍辞職を迫り、王政復古を企図するものだが、それも辞さないとの方針に大転換した。もちろん、無血による王政復古を第一に志向していたが、時と場合によっては武力衝突、つまり幕府との戦争も辞さないという姿勢である。

六月一六日、久光は藩邸内に匿っていた長州藩士の山県有朋《ありとも》と品川弥二郎《やじろう》に面会の機会を与え、薩摩藩の新しい方針を直接伝達した。山県らは久光の発言から、薩摩藩は「武力討幕」を決意したと判断した。そして一八日、久光は藩主・忠義《ただよし》に対して藩兵の派遣と率《そつ》兵上京《へいじょうきょう》を要請した。しかし、久光父子の誤算が生じる。薩摩藩内には率兵上京への反対意見が渦巻き、事は容易に運ばなかったのだ。こうした薩摩藩の手詰まりな状況の中で、龍馬が忽然と京都に現れた。

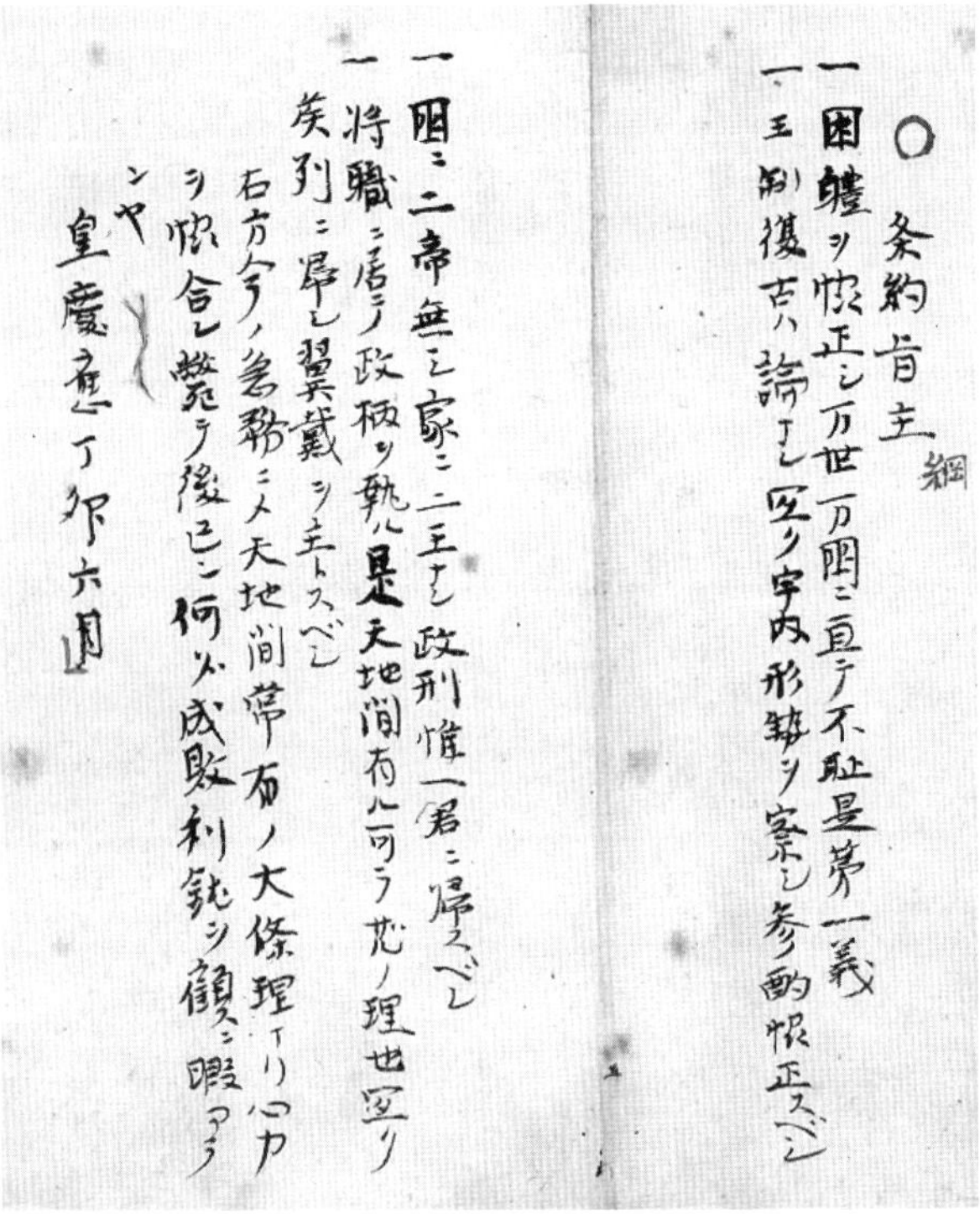
〇条約旨主綱
一 国体ヲ協正シ万世万国ニ亘テ不恥是第一義
一 王制復古ハ論ナシ宜ク宇内形勢ヲ察シ参酌協正スベシ
一 国ニ二帝無シ家ニ二主ナシ政刑唯一君ニ帰スベシ
一 将職ニ居テ政柄ヲ執ル是天地間有ル可ラザルノ理也宜ク侯列ニ帰シ翼戴ヲ主トスベシ
右方今ノ急務ニシテ天地間常有ノ大条理ナリ心力ヲ協合シ斃テ後已ン何ゾ成敗利鈍ヲ顧ニ暇アランヤ
皇慶応丁卯六月

図13 「海援隊日史」に書かれた「大条理」プラン。船中八策ではなく、龍馬から後藤に示されたこのプランが、薩土盟約のもとになったと考える
京都国立博物館蔵

大政奉還のベースとなった「大条理」プランは龍馬の発案か？

いろは丸事件の談判を共闘したことで、龍馬は後藤象二郎と肝胆相照らす仲になっており、慶応三年（一八六七）六月九日、後藤とともに土佐藩船・夕顔丸で海路上方へ向かい、一二日に大坂に着くと、一四日に上京した。これは、四侯会議のため在京の山内容堂から後藤に対し、上京命令があったためである。後藤の上京によって、土佐藩の参政四名（後藤、福岡、寺村左膳、真辺栄三郎《まなべえいざぶろう》）が在京することになった。

後藤は龍馬に同行を求めているが、これは、「龍馬に情勢打開の策をめぐらしてもらうためである」とするのが通説である。筆者は、大政奉還のベースとなった「大条理」プランは龍馬が発案したと考えている。後藤は長崎で龍馬からそれを示され、賛同したものの、その趣意を容堂らにじゅうぶんに説明する自信がなかったため、龍馬に同行を求めたのだろう。

「大条理」プランとは何か、その内容を確認しておこう。

一、国体を協正《きょうせい》シ万世万国ニ亘《わたり》テ不恥《はじず》、是《これ》第一義
一、王制復古ハ論ナシ、宜《よろし》ク宇内《うだい》形勢ヲ察シ参酌協正スベシ

一、国ニ二帝ナシ家ニ二主ナシ、政刑惟一君ニ帰スベシ

一、将職ニ居テ政柄ヲ執ル、是天地間有ル可ラザルノ理也、宜ク侯列ニ帰シ翼戴ヲ主トスベシ

右方今急務ニシテ天地間常有ノ大条理ナリ、心力ヲ協合シ斃《たおれ》テ後已《のちやま》ン、何ゾ成敗利鈍ヲ顧ニ暇《いとま》アランヤ

「大条理」プランとは、国体（大政委任）を正して、永遠に世界中に恥じることがない国にすることを第一目標とし、王政復古を実現し、朝廷からも幕府からも命令が出される政令二途の状態を改め、朝廷のみから政令が出されることとする。その上で、将軍は辞職して諸侯の列に戻ることを求めており、薩摩藩の廃幕方針と合致するものであった。

上京した後藤は、容堂が土佐へと戻っていたため、まずは在京の要職に諮ることとし、一五日に福岡孝弟の説得を試みたが、理解されなかった。宇和島藩の伊達宗城の日記では「同藩藤治（福岡）後れ来、後藤と議論に及び候処、互に意に落ちざる故、呑直しに来候由、何等之事件歟話さず」（『伊達宗城在京日記』）、〝福岡は納得せず、宗城に対して理由は伏せたものの、後藤と意見が合わなかった〟と述べている。当時、福岡は薩摩藩とも気脈

を通じる中岡慎太郎《しんたろう》と、また、武力発動を視野に入れた板垣退助《たいすけ》や小笠原唯八《ただはち》と懇意にしており、当初は「大条理」プランに賛同していなかったのだ。

一方、龍馬は六月一五日に京都市中の料亭・明保亭で中岡慎太郎《しんたろう》と会談し、いろは丸事件について説明しているが、当然、「大条理」プランについても説明をし、賛同を求めたのだろう。翌一六日の後藤と龍馬の動向は摑めないが、この後述べる一七日の会議で福岡が異論をはさまなかった事実から、福岡の説得に努めた可能性が高い。一方で、中岡は西郷隆盛、吉井友実《ともざね》を訪ねており、ここで「大条理」プランについて語ったとしても不思議ではない。そして一七日、参政四人による会議が開かれ、後藤の「大条理」プランを幕府に建白し、大政奉還および王政復古を実現することを承認したが、この段階では薩摩藩に開示して同意を求めることまでは決めていない。

薩摩藩へ「大条理」プランを提示する

六月一九日に至り、後藤は「大条理」プランを薩摩藩へ開示する承諾を他の参政に求めた。後藤は薩摩藩に対して、なぜ「大条理」プランによる提携を求めたのだろうか。最大の理由は、龍馬の存在であろう。龍馬の役割は薩摩と土佐を結びつけることにある。龍馬が後藤に対して、薩摩藩との連携なくして「大条理」プランのみならず、何事もなし得ないことを盛んに吹き込んだと考える。後藤にしても、長崎での経験などから、薩摩藩抜きでは国事周旋が叶わないことをじゅうぶんに自覚していたはずである。

そして、もう一つ、後藤のブレーン的存在である中井弘《ひろむ》の存在があった。中井は薩摩藩を脱藩後、宇和島藩周旋方を務めていたが、その後、ロンドンに密航し、帰国後は後藤を頼り、食客のような存在であった。中井は龍馬らと夕顔丸に同船して上京しており、その後、薩摩藩邸にも出入りして、後藤に薩摩藩の情報を提供している。その中に、薩摩藩の武力討幕論が含まれていた。

「寺村左膳日記」(六月一八日条)によると、参政の真辺から得た薩摩藩の情報として「薩藩田中幸助(中井)ハ後藤と殊之外懇意之よしニ而、日々出会するといふ、此人後藤氏之大議論ニ同意ナリ、仍而当時在京せる西郷吉之助等之議論ハ余り暴論なり、迚も不被行、夫ヨリ後藤氏之目的之如く運方可然との見込之よし、西郷吉之助之論ハ彼是議論スルモ益ナシ、早々兵端ヲ開キ、幕府ヲ討ントする見込ミナリといふ事也」と記している。中井は幕府と開戦して倒幕を図ろうとする西郷らの見込を暴論とし、「大条理」プランでなければうまく運ばないと主張していることが分かる。

後藤は一九日の参政会議で、薩摩藩の倒幕挙兵が目前に迫っていることを説明し、日本の存亡の危機にあたり、「大条理」プランを成し遂げて外国に対抗することが急務であると主張した。そして、内乱などを起こして外国の術中に陥るのではなく、「今薩ヲ説クニ大条理ヲ以テセンニ聞カサル事不可有、聞ク時ハ倶ニ力ヲ戮して皇国ノ危急ヲ救ハン、不聞時ハ絶行シテ可也期、未遅傍観座視ノ時ニアラスト」（「寺村左膳手記」）と、薩摩藩を「大条理」プランで説得して皇国の危機を救うべきであり、傍観している場合ではないと訴えて他の参政の賛同を得た。

薩土盟約

慶応三年（一八六七）六月二〇日、後藤は薩摩藩の小松帯刀を訪問し、「大条理」プランへの賛同を得た。藩主・忠義の率兵上京の機会を逸し手詰まり感がある薩摩藩にとっては土佐藩の提案は渡りに船であり、小松は飛びついたのだ。二一日、土佐から大監察の佐々木高行が仕置役・由比猪内《ゆいいない》、小目付・毛利恭助《きょうすけ》、下横目・岡本健三郎《おかもとけんざぶろう》を伴って上京し、後藤をはじめとする参政らと協議したが、幕府に大政奉還を求める「大条理」プランに驚愕した佐々木らは、この段階では可否を明言できなかった。そのため、翌二二日の会議に

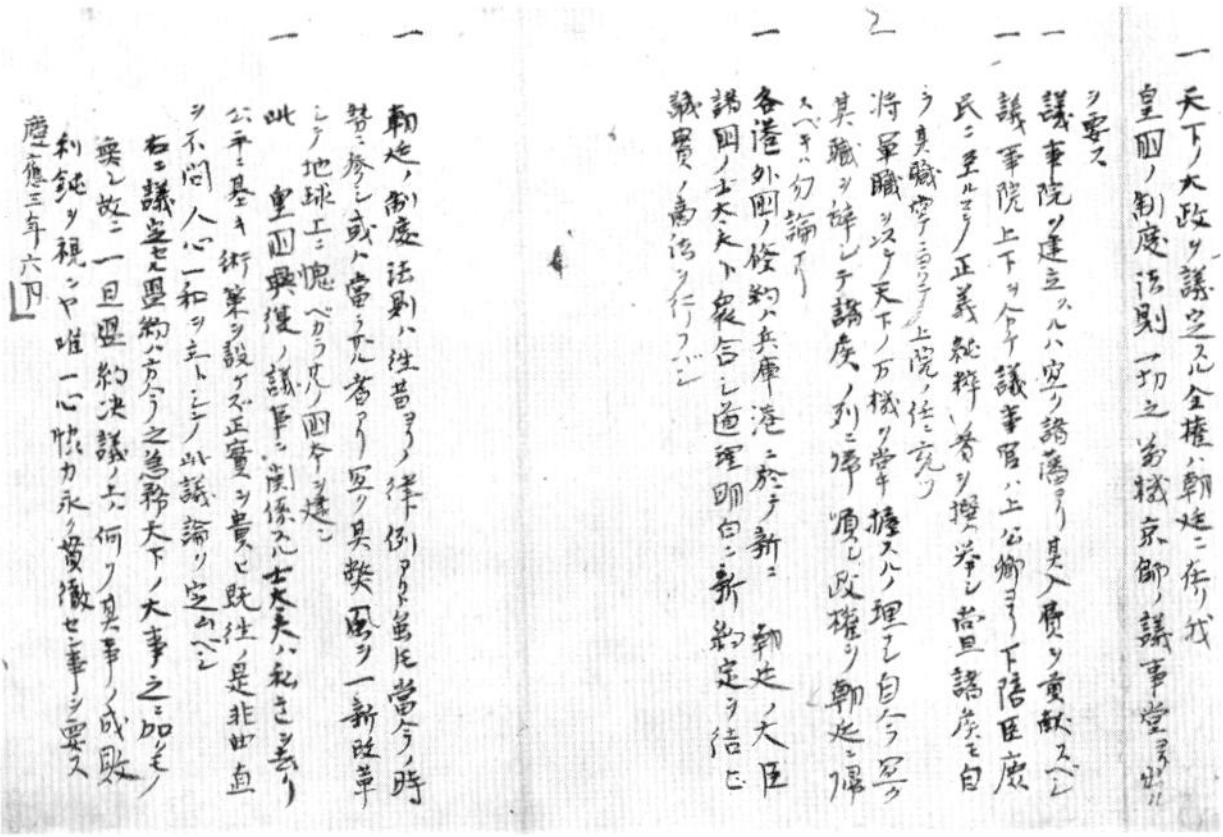
一 天下ノ大政ヲ議定スル全権ハ朝廷ニ在リ我
皇国ノ制度法則一切之萬機京師ノ議事堂ヨリ出ル
ヲ要ス
一 議事院ヲ建立スルハ宜ク諸藩ヨリ其入費ヲ貢献スヘシ
一 議事院上下ヲ分チ議事官ハ上公卿ヨリ下陪臣庶
民ニ至ルマテ正義純粋ノ者ヲ撰挙シ尚且諸侯モ自
ラ其職掌ニ因テ上院ノ任ニ充ツ
一 将軍職ヲ以テ天下ノ万機ヲ掌握スルノ理ナシ自今宜ク
其職ヲ辞シテ諸侯ノ列ニ帰順シ政権ヲ朝廷ニ帰
スヘキハ勿論ナリ
一 各港外国ノ條約ハ兵庫港ニ於テ新ニ朝廷ノ大臣
諸藩ノ士大夫ト衆合シ道理明白ニ新約定ヲ立テ
誠実ノ商法ヲ行フヘシ
一 朝廷ノ制度法則ハ往昔ヨリノ律例アリトイヘトモ当今ノ時
勢ニ参シ或ハ当ラサル者アリ宜ク其弊風ヲ一新改革
シテ地球上ニ愧サルノ国本ヲ建ン
一 皇国興復ノ議事ニ関係スル士大夫ハ私意ヲ去リ
公平ニ基キ術策ヲ設ケス正実ヲ貴ヒ既往ノ是非曲直
ヲ不問人心一和ヲ主トシテ此議論ヲ定ムヘシ
右ニ議定セル盟約ハ方今ノ急務天下ノ大事之ニ加フルモノ
莫シ故ニ一旦盟約決議ノ上ハ何ソ其事ノ成敗
利鈍ヲ顧ミンヤ唯一心協力永ク貫徹セン事ヲ要ス
慶応三年六月

図14 「海援隊日史」より「薩土盟約」の7条　京都国立博物館

は出席しなかった。

その二二日、京都三本木の水亭で土佐藩の後藤、福岡、真辺、寺村と、薩摩藩の小松、西郷、大久保が会談し、「大条理」プランを踏まえた薩土盟約をおおよそ策定した。その後、加筆・訂正がなされ、二六日に最終案が小松にもたらされ、七月一日、薩摩藩から受諾の回答がなされた。加筆訂正の過程は分からないことが多いが、二三日には龍馬も中岡とともに佐々木、毛利と会談し、修正について議論している。また、中井も修正に加わっており、彼の英国留学の体験が活かされたのかもしれない。では、「条約旨主」とされる「大条理」に続く、薩土盟約の骨子である七箇条を以下に掲げておこう。

一、天下ノ大政ヲ議定スル全権ハ朝廷ニ在リ。我皇国ノ制度法則一切之万機、京師ノ議事堂ヨリ出ルヲ要ス

一、議事院ヲ建立スルハ宜ク諸藩ヨリ其入費ヲ貢献スベシ

一、議事院上下ヲ分チ、議事官ハ上公卿ヨリ下陪臣庶民ニ至ルマデ、正義純粋ノ者ヲ撰挙シ、尚且諸侯モ自ラ其職掌ニヨリテ上院ノ任ニ充ツ

一、将軍職ヲ以テ天下ノ万機ヲ掌握スルノ理ナシ。自今宜ク其職ヲ辞シテ諸侯ノ列ニ帰順シ、政権ヲ朝廷ニ帰スベキハ勿論ナリ

一、各港外国ノ条約ハ兵庫港ニ於テ新ニ朝廷ノ大臣、諸国ノ士太夫ト衆合シ、道理明白ニ新約定ヲ結ビ、誠実ノ商法ヲ行フベシ

一、朝廷ノ制度法則ハ往昔ヨリ律例アリト雖ドモ、当今ノ時勢ニ参シ或ハ当ラザル者アリ。宜ク其弊風ヲ一新改革シテ、地球上ニ愧ベカラザル国本ヲ建ン

一、此皇国興復ノ議事ニ関係スル士太夫ハ私道ヲ去リ、公平ニ基キ、術策ヲ設ケズ、正実ヲ貴ビ、既往ノ是非曲直ヲ不問、人心一和ヲ主トシテ此議論ヲ定ムベシ

右ニ議定セル盟約ハ、方今之急務、天下ノ大事之加クモノ無シ。故ニ一旦盟約決議ノ上ハ、何ゾ其事ノ成敗利鈍ヲ視ンヤ。唯一心協力、永ク貫徹セン事ヲ要ス

薩土盟約の条文は、龍馬が起草したであろう「大条理」プランを関係者の衆議によって高めたものである。将軍慶喜に「政権ヲ朝廷ニ帰スベキ」と辞職を迫り、「全権ハ朝廷ニ在リ」と王政復古（将軍職・摂関制廃止）を宣言する。「皇国ノ制度法則一切之万機、京師ノ議事堂ヨリ出ル」「議事院上下ヲ分チ」と二院制議会の設置を謳い、「陪臣庶民ニ至ルマデ、正義純粋ノ者ヲ撰挙シ」と衆議尊重の姿勢を示す。加えて、「道理明白ニ新約定ヲ結ビ、誠実ノ商法ヲ行フベシ」と、外国と条約を結び直した上で、交際・通商を誠意を持って行うことを謳っている。その後の王政復古クーデター、五箇条の誓文等に影響を与えた画期的な内容を含んでいる。それらの端緒となる「大条理」プランは極めて重要であった。

薩摩藩のダブルスタンダード外交

薩土盟約は島津久光も了承したことから、薩摩藩にとっては正式な藩の方針として承認された。土佐藩には武力発動および大政奉還・将軍職辞職の建白の実行が期待された。しかし、その実現にはまだ大きな障壁があった。それは山内容堂の承認が得られるかどうかであった。薩摩藩・久光や四侯会議から薩摩と同一の歩調をとる宇和島藩・伊達宗城はいずれもやや懐疑的であったが、後藤象二郎の尽力に期待せざるを得なかった。

薩摩藩としては、自藩の兵力不足を補い、薩長土の三藩の兵力を集めることで幕府への圧力装置としての役割も期待できた。かつ、幕府に近い土佐藩を取り込むという大きなメリットも生じた。いずれにしろ、薩摩藩は大政奉還路線としての土佐藩、武力討幕路線としての長州藩、どちらに転んでも良きパートナーを獲得したことになり、二面外交のスタートとなった。

役割分担として、前者は小松、後者は西郷と大久保であり、久光の下で小松、西郷、大久保は最後まで一枚岩であった。こうして、薩摩藩は廃幕に向けて武力発動路線（「小松・木戸覚書」）と大政奉還路線（薩土盟約）の二方向を模索することとなった。前者は長州・芸州両藩と出兵協定を結び「討幕の密勅」が下されることを、後者は土佐藩と薩土盟約を結び「大政奉還」に向けた建白を、それぞれ画策することになる。

龍馬の役割とは何か

「船中八策」（在京の容堂に大政奉還論を進言するため、夕顔丸で長崎を出航し、洋上で龍馬が後藤に口頭で提示したものを、海援隊士・長岡謙吉が書きとめ成文化）について、現在では知野文哉『「坂本龍馬」の誕生』によって否定されている。しかし、この間、龍馬から後藤への政略に関する示唆は、まったくなかったのだろうか。

筆者は、後藤が「大条理」プランや「薩土盟約」の構想を独力でできたとは思えない。「船中八策」は否定されたものの、「大条理」プラン等は龍馬が発案した可能性が高いのではないだろうか。薩土盟約締結時、寺村左膳が「外ニ浪士之巨魁《きよかい》ナル吾藩之者、坂本龍馬、中岡慎太郎二人ヲ呼ブ」（「寺村左膳日記」、六月二二日条）と、わざわざ巨魁なると表現した龍馬と中岡が同席している事実は重いと考える。本来であれば、土佐藩に復籍していない龍馬らがその場にいることはあり得ない。

これは、龍馬が薩摩藩関係者であると同時に、「大条理」プラン等の主唱者であったと考えると合点がいく。龍馬は薩摩藩と土佐藩を結びつける使命の中で、薩土盟約自体をお膳立てした可能性が高いのではないか。龍馬の役割は、「小松・木戸覚書」よりも薩土盟約の成立に重みがあったと考える。薩土融和における龍馬の重要性は計り知れない。

薩土密約の存在

「薩土盟約」に先んじて、慶応三年（一八六七）五月二一日に板垣退助、中岡慎太郎、谷干城《たてき》、毛利恭助が京都の小松邸において、薩摩藩の小松、西郷、吉井友実と会談し、討幕挙兵を約束した「薩土密約」が成立したとされている。それについて触れておこう。そもそも、薩土密約なるものが存在した根拠として、『維新土佐勤王史』や『維新史料編纂會講演速記録』などの史料が使用されている。

それらの資料には、板垣が「倒幕の兵を挙げる」と明言し、「できなければ切腹する」と宣言したことに対し、中岡が「愉快な話なので、自身が西郷の人質となり、板垣が果たせなければ切腹する」と言い放ち、その場にいた一同も「愉快である」と応えた、または愉快な談判だったので西郷が承諾した、というようなことが書かれている。筆者には、宴席でのパフォーマンスであり、このやり取りには、討幕挙兵という重要なことを約束する薩土密約が成立したようには到底見えない。

当時の記録を見ると、「寺村左膳日記」には「乾《いぬい》（板垣）退助自力執行ニテ御当地ニ来り、御目通り相願候由之処、討幕論ニ付老公御意ニ不叶、未御目通不被仰付由なり」（五月一九日条）とあり、板垣が無断で江戸から上京し、容堂に謁見を願い出たものの、板垣は倒幕論なので拒否されていることが分かる。板垣は脱藩とも言える行為をしているが、その点は不問に付されている。そして、中岡の日記には「此夜、乾退等と小大夫（小松）に会、西郷、吉井集居」（五月二一日条、『中岡慎太郎全集』）と会談の事実のみあり、薩土密約が成立したかは不明である。

この会談は当日になって、中岡から西郷に、板垣、大久保との四者会談を申し入れたことから実現したが、小松が入っていない。討幕挙兵を目指した薩土密約を結びたければ、それを許可できる小松の存在は不可欠である。それをじゅうぶんに分かっていた中岡が小松を外したのは、そこまでの提案をするつもりではなく、まずは板垣を紹介する程度と考えたのではないだろうか。一方で、西郷は本件を小松に相談し、念には念を入れて小松邸で正式に会談することを両者で決めたと考える。

板垣が翌二二日に容堂に謁見を許された際、薩長に歩調を合わせることを迫った様子であるが、討幕を訴えたり薩土密約の事後承認を求めたりした事実は確認できない。加えて、これ以降、薩土密約が薩土間で話題になった事実もない。以上を勘案すると、薩土密約が存在したとは言い難く、酒席での放言レベルであったと断定できる。ちなみに、龍馬の書簡にも登場する板垣であるが、史料からは両者が生前に会うことは叶わなかったようだ。事実は小説より奇なりである。

第一五章　大政奉還と龍馬暗殺
――幕末史上の大事件は何が謎なのか？

容堂の反対とイカルス号事件

　薩土盟約が締結され、後藤象二郎《しょうじろう》は一〇日後に率兵上京《そっぺいじょうきょう》すると言い残し、藩論をまとめるために慶応三年（一八六七）七月四日、土佐へと帰っていった。しかし、大きな問題が二つ持ち上がり、後藤の目論見をくじくことになる。一点目は、山内容堂《ようどう》の反対である。土佐藩は外様藩とはいえ、徳川将軍家には関ヶ原以来の恩義があり、かつ容堂自身も幕府の推薦で藩主に就いた経緯があった。そのため、大政奉還の建白自体は認めたものの、出兵は断固として認めなかった。

　二点目は、イカルス号事件である。七月六日夜に長崎で英国船水夫二人が何者かに殺害され、犯人の嫌疑が海援隊と土佐藩にかかり、英公使パークスが土佐まで出向いて強硬に抗議したものである。後藤はその対応に追われ、薩摩藩と約束した期日での上京が叶わなかった。この事件の犯人は維新後、福岡藩士と判明している。

土佐藩の及び腰

そして、二ヶ月後の慶応三年（一八六七）九月三日、ようやく後藤は上方に到着したものの、容堂の意向から一兵も連れていなかった。到着早々、後藤は大坂で西郷隆盛と会談に及んだが、事情を聞いた西郷は即答を避け、京都で小松帯刀《たてわき》と会談して欲しいとし、七日に後藤は小松邸で西郷、大久保利通《としみち》も同席の下で会談を行った。

後藤は将軍・徳川慶喜《よしのぶ》に対して大政奉還の建白は実行するつもりだが、一方で武力による威嚇は容堂の反対からできないと申し入れ、さらに肝心な将軍職辞職も求めないことにしていた。これは明らかに土佐藩による薩土盟約の反故《ほご》であり、小松は薩土盟約を薩摩藩側から破棄することを通告し、薩摩藩のみで挙兵すると明言した。後藤は挙兵に反対の意を示したが、小松は同意せず、土佐藩側を慌てさせた。

九日にも後藤と福岡孝弟《たかちか》が小松らに挙兵の延期を求め、至急に大政奉還の建白をするとの意思表示を行った。これに対し、薩摩藩側は「事既ニ決シタレハ、今サラ如何トモ為シカタシ、然レトモ根元御隔意ナク御相談ノ事故《ゆえ》、貴藩ノ御建白ハ御差支無ク御差出シ被成《なされ》度」（『寺村左膳《さぜん》日記』）と回答した。つまり、薩摩藩は挙兵の延期は事実上、拒否したものの、土佐藩による大政奉還建白は容認したのだ。しかし、すでに薩摩藩は土佐藩による王政復古に向けての周旋を期待しておらず、ここに両藩の政略上の離反は決定的となった。

島津久光の中央政局離脱

なお、島津久光《ひさみつ》は後藤の遅れと、将軍・慶喜が四侯を無視して、佐賀藩主・鍋島直正に長州藩の処置に関する周旋を密かに依頼したことなどから、時いまだ至らずと判断し、とくに今後の策を小松らに授けることなく、慶応三年（一八六七）九月二一日に薩摩へ帰藩した。その際、久光は同月六日に兵を率いて到着していた三男の珍彦《うずひこ》に、禁裏の警護をさせることを朝廷に申請している。こうして、幕末の中央政局の中で久光自らが画策していくという役回りは終わりを迎えたのだ。

挙兵か否かで揉める薩摩藩

一方で、慶応三年（一八六七）七月一五日に村田新八《しんぱち》が西郷の名代として長州藩を訪れ、薩土盟約に至った経緯を説明した。そこで長州藩としては、薩摩藩の真意を確認するため、直目付・柏村数馬《かずま》らを上京させ、八月一四日に小松邸で西郷、大久保も交えて会談に及んだ。薩摩藩は、やや杜撰《ずさん》とも思える「秘策」、具体的には江戸、大坂、京都での三都挙兵の計画を提唱した。土佐藩の離反によって大政奉還の路線が一旦、頓挫《とんざ》した時点で、長州藩との協同の武力発動によって、上方を制圧することを企図したのだ。

この段階では、江戸の幕府本体との衝突は想定しておらず、あくまでも武力発動の対象は会津・桑名両藩を主力とする京にいる幕府軍であった。とはいえ、将軍・慶喜は二条城に居り、打倒すべき対象に慶喜を含まざるを得なかった。つまり、武力発動には幕府本体と薩長連合が、全面戦争に発展する可能性を多分に含んでいたのだ。討幕を目指すのではなく、上方の制圧を目指すとしても、相当に危ない賭けであったと言えよう。

九月一八日、大久保は大山綱良《つなよし》を同道して山口に到着し、長州藩主父子や木戸孝允《たかよし》ら藩要路と面談を重ねた結果、長州藩は武力制圧に同意した。具体的には、薩摩藩兵が二五、六日頃に、遅くとも一〇月初旬には三田尻に到着し、長州藩兵と合流の上で大坂に向かい、天皇の身柄を確保して大坂城を奪う、という段取りであった。そこに芸州藩も加わり、薩長芸の出兵が取り決められた。大久保は朝廷工作のため京へと戻り、大山は長州藩の回答を携えて鹿児島へと帰藩した。なお、西郷は九月二三日、土佐藩の福岡孝弟に挙兵直前に大政奉還の建白をすることを要請したが、二八日に小松と大久保は後藤から、提出の時期は決めないままで建白書提出への同意を求められ、了承している。

薩摩藩、大政奉還路線へ

大山綱良の帰藩後も鹿児島では、なお出兵について紛糾が続いており、ようやく一〇月三日、七日に大山および若年寄・島津主殿が三田尻までそれぞれ率兵した。しかし、一〇月九日、痺れを切らした長州藩から福田俠平が京都に派遣され、薩摩藩兵の到着の遅れによる、長州藩の「失機改図」（戦略見直し、出兵延期）という新しい方針を小松に伝達した。小松は了解するとともに、薩摩藩の戦略転換を図ることになった。

なぜ小松が了解したかというと、京都藩邸内も挙兵反対論で二分されるほどの状況があったからだ。主な反対派は大目付・関山糺、大監察・町田久成《ひさなり》、京都留守居・内田政風《まさかぜ》、高崎正風、新納立夫らであり、在京要路の中では推進派の方が少数であった。また、鹿児島の桂久武《ひさたけ》からは藩内の反対意見や財政的負担の観点から自重論が寄せられており、小松らは挙兵を断念せざるを得なかった。

その結果、薩摩藩はもう一度、大政奉還路線に立ち戻ることになった。つまり慶喜による大政奉還および将軍職辞職と、その先の諸侯会議による武力を伴わない廃幕路線に舵を切った。このため事態は急展開することになる。一方で幕府・慶喜は薩摩藩を中心とした挙兵を恐れ、もちろん、新体制においても慶喜がイニシアティブを執ることが前提となるが、大政奉還に同意する姿勢を見せはじめる。

龍馬とイカルス号事件

ここからは、龍馬の動向を追っていきたい。慶応三年（一八六七）七月二九日、在京の土佐藩仕置役の由比猪内《ゆいいない》、大目付の佐々木高行は幕府の命で大阪へ向かい、老中・板倉勝静《かつきよ》に謁見した。板倉は、イカルス号事件の下手人捜索のため英公使パークスが土佐に赴くこと、また、外国総奉行・平山敬忠《よしただ》、大目付・戸川安愛《やすなる》らを派遣することを由比らに伝達した。翌日、龍馬は佐々木らと薩摩藩船・三邦丸に乗船し、八月二日に土佐へ帰藩したものの、復籍を果たしていない龍馬は、土佐藩船・夕顔丸に潜伏することになった。

八月六日、パークスは土佐の須崎に到着した。藩主・山内豊範《とよのり》は渡辺弥久馬《わたなべやくま》、後藤、由比、佐々木を派遣してパークスと応接させ、そこには平山ら幕閣も同席した。三日間にわたって折衝が行われ、土佐藩からは佐々木を通訳官アーネスト・サトウとともに長崎に派遣し、犯人探査に当たることを決定し、その際には幕閣も同行することになった。この決定を受け、とりあえずパークスは九日に兵庫に帰航した。一一日、山内容堂はサトウを高知城下の開成館で引見し、事件解決に向けた決意を語った。

そして翌一二日、佐々木は藩命で龍馬とサトウを伴い、夕顔丸で須崎港を出帆して下関を経て、一五日に長崎に到着した。その後龍馬は一ヶ月間にわたり長崎での滞在を余儀なくされた。この間の政治動向について、龍馬は三吉慎蔵《しんぞう》宛書簡（八月一四日）の中で、薩土盟約の締結を伝える一方で、「幕と戦争致し候時ハ、御本藩御藩薩州土佐の軍艦をあつめ一組と致し、海上の戦仕候ハずバ、幕府とハとても対戦ハ出来申すまじく」と、幕府と戦争する時には、薩摩、長州、長府、土佐藩の軍艦を集めた連合軍で幕府軍との海戦を想定している。

さらに、「近日京師の戦ニ出候人ニハ少々御出し被成、地利など御見合可然《しかるべき》と奉存《ぞんじたてまつり》候」と、近々の京都決戦も想定し、長府藩からの藩士の上京を期待して、龍馬が地理を伝授したいと告げている。ここからは、薩土盟約を主導した龍馬であったが、後藤の到着が大幅に遅れていることから、この段階で大政奉還の建白は失敗の見込みであり、武力発動に大きく傾いていく様子が見て取れよう。

イカルス号事件の調査の展開であるが、八月一六日に外国総奉行・平山、大目付・戸川、長崎奉行の能勢頼之、徳永昌新は長崎駐在の英国領事・フラワーズおよびサトウと会談し、イカルス号水夫殺害の犯人逮捕に関する交渉を開始した。その後、土佐藩の横笛・南海両船の船員を喚問し、厳しく審理して無罪と判断が下されたため、九月一五日にサトウは長崎を離れた。こうして龍馬は、イカルス号事件からようやく解放されたのだ。

長崎滞在中の龍馬であるが、八月二〇日に木戸孝允を佐々木に紹介し、政局についての意見交換を行った。木戸はその席で、大政奉還は困難であり、最後は「砲撃芝居」、つまり武力発動しかないと明言した。また、翌二一日、木戸は龍馬に書簡を発し、土佐藩の奮起を強く促し、「後藤君御上京に相成候はゞ、不日大公論天下に相立可申、其末乾《いぬい》（板垣退《たい》助《すけ》）君之御上京誠以御都合之次第と奉感伏候」（『坂本龍馬関係文書』一）と、後藤による大政奉還建白に続く板垣の率兵上京に期待を寄せた。そして、逃げ出したところで結局は嘆くことになるのだという意味の「兎角初如脱兎《だつとのごとく》、終如処女《しよじよのごとく》相成、浩歎《こうたん》之至に御座候」という言葉を使い、土佐藩に一貫した態度を要求している。

木戸は九月四日にも長崎にいる龍馬に書簡を発し、挙兵についてはまたもや芝居になぞらえて、座元である西郷と頭取である板垣との連絡、提携が重要であることを説き、龍馬のさらなる周旋に期待を寄せ、励ました。後藤の周旋は失敗すると木戸は踏んでおり、西郷と板垣による協同の武力発動が絶対必要であると龍馬に繰り返し主張したのだ。

土佐藩のライフル購入

龍馬は大政奉還の建白から将軍辞職を削り、率兵上京を見合わせて、薩土盟約を骨抜きにする土佐藩の姿勢に危機感を抱いた。そこで慶応三年（一八六七）九月一四日、龍馬は佐々木高行と図り、オランダのハットマン商社より総額一万八一七五両でライフル銃一三〇〇挺（一〇〇〇挺は購入に尽力した商人に贈与、三〇〇挺は陸奥宗光《むねみつ》が上方に運搬）を長崎で購入し、芸州藩の汽船震天丸を借りて一八日に長崎を出発、二四日には高知に到着し、土佐藩にその一〇〇〇挺のライフル銃の購入を迫った。

なお、龍馬は九月二〇日に下関に立寄った際、伊藤博文《ひろぶみ》と会談し、上方の形勢や大久保利通の来藩、そして薩長芸の三藩連合による出兵の事情を聞き及んだ。龍馬は伊藤から薩長芸による武力発動の可能性を示唆され、何とか土佐藩も時勢に乗り遅れず、四藩連合による武力発動を目指したのだ。龍馬は並々ならぬ決意をもって、土佐に乗り込んだことがうかがえる。

龍馬は脱藩を赦免されるも復籍を伴わないため、高知城下に入れない立場にあった。そのため九月二五日以降、浦戸湾の松ヶ鼻などで土佐藩の要人と会談した。藩主・豊範の「御直筆日記」（九月二七日条）には、「此度、薩・長・芸三藩申合せ討幕師上京之段、一昨廿五日坂本龍馬より告来る、依て右用向これ有るに付、今日散田屋舗え奉行・近習家老、近外両役場一同出勤、我等も出る」とあり、容堂のもとに重役が集められ、龍馬の提案が議論されて承認されたことが分かる。それにしても、藩主の日記に龍馬の名前が記されるとは尋常なことではない。龍馬は、それほど重要な働きを土佐藩のために演じたのだ。

土佐藩のライフル銃の購入は、佐々木の根回しがなければ実現は覚束なかったかもしれないが、龍馬の説得が功を奏して容堂の許可を得て、土佐藩は武力発動の可能性を残すことが叶った。龍馬はその功績から五〇両を拝領しているが、『真覚寺日記』には「浦戸より上り御前へ出ける」とあり、その際に容堂に謁見したとも読める記述がある。

確かに龍馬は、尾崎三良《おざきさぶろう》（戸田雅楽《うた》）を伴い二八日夜あたりに密かに城下に潜入し、約五年ぶりに家族と対面して宿泊し、同志の訪問を受けている。謁見を許されたとすると、その前後になるが、本来は城下に入れない立場であった龍馬が、城下に入れたのは今回の功績による特例と推測できるものの、容堂に謁見できたかは、本史料のみでは断定はできず、疑わしいと言わざるを得ない。

武力発動か大政奉還か

大政奉還について述べていこう。慶応三年（一八六七）一〇月三日、後藤象二郎と福岡孝弟は大政奉還の建白を幕府に提出した。翌四日に寺村左膳、神山郡廉は建白書の写しを摂政・二条斉敬《なりゆき》に差し出し、後藤は会津藩士・外島機兵衛《としまきへえ》らと会見、大政奉還を建白したことを告げて援助を要請した。緊迫した情勢下で、龍馬は後藤に書簡（一〇月一〇日頃）を出し、〝慶喜が大政奉還および将軍辞職を受け入れない場合は、銀座移転（金融財政権の剝奪）を幕府に迫り、交渉が全面的に破談となる前に土佐から兵を上京させ、後藤は帰国して容堂に報告すべきである〟と申し入れた。この段階の龍馬は、武力発動を念頭に置きながら、後藤から板垣へのシフトチェンジを模索していた。

一方で、薩摩藩は『大久保利通日記』（一〇月一一日条）によると、「小大夫西郷早天熟評一息帰国委曲之形勢を中上出兵ハ勿論御出馬之英断を奉願内外一途之本を尽して早々大挙謀らん与《と》之議を決ス」とあり、小松、西郷、大久保が揃って帰国するという大英断を下した。実は当時、会津藩が薩摩藩邸を襲撃する、あるいは要人を暗殺するとの動向が噂《うわさ》されており、実際にそうした動きもあった。しかし、小松らの動向は必ずしも噂に影響されたわけではなく、政治生命を賭した重い決断であった。

小松は、久光に率兵上京を断固として求めることを決意していた。大政奉還が実現した場合は、慶喜の将軍辞職を伴う完全な王政復古の実現のための圧力装置としての役割を率兵上京に期待でき、大政奉還が実現しない場合は、挙兵計画の再編を図る上でも必要と考えた。そして、率兵上京の実現のため、朝廷に「討幕の密勅」を求めたのである。薩土盟約の破棄後、薩摩藩は長州藩との武力発動を目指したが、長州藩の「失機改図」によって、当面は土佐藩による建白の実現に期待した。一方で、倒幕の密勅による武力発動も視野に入れた二面政略を用いた。薩摩藩とのパイプを維持する龍馬は、当然のことながらその動向を承知しており、後藤に圧力をかけ、小松と連動した大政奉還の実現に向け、強力なアシスト役を務めたのだ。

徳川慶喜、大政奉還を受け入れる

慶応三年（一八六七）一〇月一一日、慶喜は尾張藩の徳川慶勝《よしかつ》と紀州藩主・徳川茂承《もちつぐ》に大政奉還の建白の存在を知らせた。慶喜は「大至当の理論であるが、実行の利害得失は急に決め難い」とし、意見を聴くために二人に入京を促した。これは、徳川御三家による大政奉還の受け入れ表明を念頭に置いた措置であった。一方で、後藤と福岡は大政奉還の建白の受理を老中・板倉勝静、若年寄格・永井尚志《なおむね》に催促したところ、永井は後藤に対して書面で取り上げることを内示した。つまり、この段階で慶喜は大政奉還を決意したのだ。

一二日、慶喜は京都守護職・松平容保《かたもり》、京都所司代・松平定敬《さだあき》ら在京の有司を二条城に呼びだし、大政奉還の建白の受け入れを表明し、板倉はその旨を江戸城にいる老中らに報せた。なお、福岡、神山は二条摂政に謁見し、大政返上を幕府に建白した趣旨を述べ、幕府からの大政奉還を勅許することを懇請した。そして、慶喜は翌一三日に在京一〇万石以上の諸藩重臣を二条城に召集することを指示した。

一三日、慶喜は諸藩重臣に大政奉還の決意書を示して意見を求め、藩主の上京を命じた。小松、後藤、福岡、芸州藩士・辻将曹《つじしょうそう》、岡山藩士・牧野権六郎《まきのごんろくろう》、宇和島藩士・都築荘蔵《つづきそうぞう》は別途に慶喜に謁見し、直に朝廷に大政奉還を求めた。この時、とくに板倉老中から意見を求められた小松は、その後の早期の奏聞、および勅許への段取りを示し、すぐさま奏聞すべきと主張したため、板倉は明日行うとし、朝議の周旋を小松に依頼した。この瞬間か

図15 後藤象二郎
福井市立郷土歴史博物館蔵

ら後藤ではなく、小松が大政奉還のイニシアティブを握った。

龍馬、後藤に圧力をかける

まさに後藤が登城する直前に、龍馬は以下の書簡を発して後藤に不退転の決意を促した。この脅迫まがいの書簡がどの程度、後藤の行動に影響を与えたかは分からないが、少なくとも鼓舞したことは間違いないだろう。ただし、慶喜を前にした後藤は緊張のあまり、大汗をかくばかりで、ほとんど発言ができなかったのだが。

> 御相談被遣候建白之儀、万一行ハれざれば固《もと》より必死の御覚悟故、御下城無之時は、海援隊一手を以て大樹参内の道路ニ待受、社稷《しやしょく》の為、不戴天の讐を報じ、事の成否ニ論なく、先生ニ地下ニ御面会仕候（略）万一先生一身失策の為に天下の大機会を失せバ、其罪天地ニ容るべからず。果して然らバ小弟亦薩長二藩の督責を免れず。豈徒《あにいたずら》ニ

天地の間に立べけんや

龍馬は〝建白が不採用の場合は決死の覚悟であり、後藤の下城がなければ城中で後藤が討死したと察し、将軍が参内するのを待ち受け、国家のために海援隊が仇を討つ〟、つまり〝大坂に運搬した小銃二〇〇挺によって慶喜を襲撃する〟と極言した。そして、〝成否にかかわらず、当然自身も死ぬ覚悟であり、あの世で再会しよう〟と龍馬独特の言い回しで迫った。また、〝万が一、後藤の失策で大政奉還の実現という、天下の最重要な機会を失った場合は、その罪は許されず、そうなれば薩長両藩が龍馬も厳しく責めたてることは間違いなく、どうして生きてられようか〟と、これでもかというほどのプレッシャーを与えて、後藤の奮起を促した。土佐藩と薩長両藩を結びつける、龍馬の存在があらためて確認できるが、各勢力の大政奉還の実現に向けた大きな期待が存在したことが確認できる。

討幕の密勅

同日の一三日、岩倉具視《いわくらともみ》が大久保と広沢真臣《さねおみ》を引見し、久光、茂久父子に「討幕の密勅」を、毛利敬親《たかちか》・広封《ひろあつ》父子に官位復旧の宣旨を授与した。翌一四日には、正親町《おおぎまち》三条実《さんじょうさね》愛《なる》が大久保と広沢に対面し、長州藩に「討幕の密勅」、薩長両藩に松平容保と松平定敬誅伐を命じる宣旨と錦旗《きんき》を授与した。なお、倒幕の密勅は署名や書式などその文書形式からしても「勅」にはほど遠いもので、いずれこういうものが出せるというサンプルの提示だったかも知れない。そもそも密勅を見ることができるのは藩主レベルに限られており、「討幕の密勅」が下されたという事実そのものが重要だったのではないだろうか。いずれにしろ、大政奉還に伴って諸侯が招集されたため、少なくとも薩摩藩では日の目を見ることはなかったと考える。

小松帯刀の活躍

その後の推移であるが、一〇月一四日に小松、辻、後藤、福岡は二条関白に謁見を求め、小松が大政奉還の勅許が速やかに行われることを強く求めた。二条は渋々ながら承服し、朝議において勅許が承認されることを明言した。その後、小松は慶喜に謁見し、「政権返上の儀早々朝廷に於いて聞こし召され候事」(大政奉還の早期勅許)「長防御処置御初政に御沙汰の事」(新政権の発足後、最優先で長州藩処分の決定)「賢侯御召し」(有志諸侯の上京命令)「征夷将軍職返上の事」(慶喜から将軍職の返上)「五卿一条」(五卿の宥免・上京の決定）からなる五条の了解を獲得し、加えて諸侯が上京した上で万事決定することも認めさせた。翌一五日、小松は後藤と辻からもこの五条の了解を取り付け、薩摩、土佐、芸州三藩の足並みを揃えさせた。

一五日、慶喜が参内して勅許を求めたが、対応に困った二条は小松を御所に呼び、勅許沙汰書および別紙の案文を作成させた。そして、小松が中心となって政務委任の条目を定め、一〇万石以上の諸侯に上京を命じ、とくに慶勝、春嶽、久光、宗城、容堂、浅野茂長《もちなが》、鍋《なべ》島《しま》閑《かん》叟《そう》、池田茂政《もちまさ》へは名指しで召命を下す段取りを行った。「名は王政すれども、実は薩政、土政、又は小松政、浪士政とも申すべき歟、是迄同草の薩土の号令を奉するよりは、矢張り幕命を受け候方少しは宜敷」（「京巷説」、維新史料綱領データベース）と、〃王政と言われているが、実際は薩摩による政治、土佐による政治、小松による政治、浪士による政治と言うべきものであり、これまで同レベルにあった薩摩や土佐から命令を受けるくらいなら、幕府から命令を受けた方がまだましである〃と噂されていたが、最終的な局面では薩摩藩・小松帯刀による周旋に依ったのである。

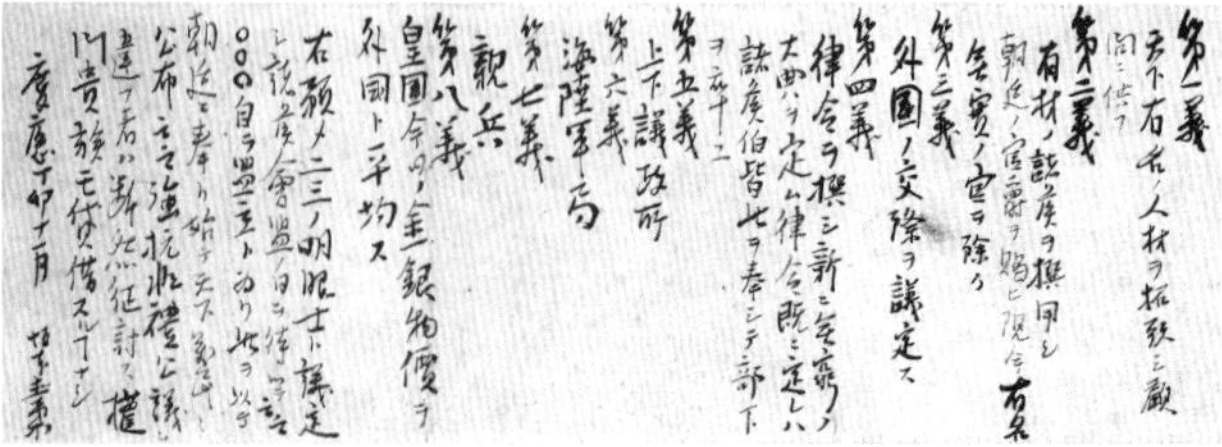
第一義 天下有名ノ人材ヲ招致シ顧
問ニ供フ
第二義 有材ノ諸侯ヲ撰用シ
朝廷ノ官爵ヲ賜ヒ現今有名
無実ノ官ヲ除ク
第三義 外国ノ交際ヲ議定ス
第四義 律令ヲ撰シ新ニ無窮ノ
大典ヲ定ム律令既ニ定レハ
諸侯伯皆此ヲ奉シテ部下
ヲ率ス
第五義
上下議政所
第六義
海陸軍局
第七義
親兵
第八義
皇国今日ノ金銀物価ヲ
外国ト平均ス
右預メ二三ノ明眼士ト議定
シ諸侯会盟ノ日ヲ待ツ云々
〇〇〇自ラ盟主ト為リ此ヲ以テ
朝廷ニ奉リ始テ天下万民ニ
公布云々強抗非礼公議ニ
違フ者ハ断然征討ス権
門貴族モ貸借スル事ナシ
慶応丁卯十一月 坂本直柔

図16 「新政府綱領八策」。左から6行目に「〇〇〇自ラ盟主ト為リ」の文字が見える
国立国会図書館蔵

龍馬の新国家プラン

龍馬の描く新国家はどのようなものであったのだろうか。また、自らをその新国家の中で、どのように位置づけようとしていたのだろうか。このあたりについて、実は一次史料がほぼない状態であり、確固としたことは分からない。唯一のものが、龍馬が暗殺される直前に著したとされる「新政府綱領八策」である。国立国会図書館と下関市立歴史博物館にそれぞれ残存しているが、来歴はほぼ不明である。内容は、諸侯や有力藩士の登用による二院議会制、軍事局の設置と御親兵の採用などが謳《うた》われているが、おおよそは当時の一般的な議論の範疇《はんちゅう》であり、すべてが龍馬のオリジナルという話ではない。

「新政府綱領八策」で議論となるのが、「〇〇〇自ラ盟主ト為リ」の部分である。〇〇〇としてあるのがいったい誰なのか。これまで慶喜説が有力視されてきたが、松平春嶽《しゅんがく》など諸説存在している。筆者は三条実美《さねとみ》ないし慶喜かと考えるが、案外、龍馬自身も読み手に任せているところがあったのかもしれない。ところで、「新政府綱領八策」は何の目的で書かれたのだろうか。推測の域を出ないが、龍馬は幕閣の永井尚志と接触しており、その際に使用された可能性を指摘しておこう。

また、尾崎三良による新政府職制案「新官制擬定書」の中では、龍馬は「参議」に名前を連ねており、龍馬本人もその案に大いに賛同している。つまり、明治以降に創作された「世界の海援隊」を志向していたのではなく、龍馬は自身を廟堂《びょうどう》に立つ政治家として描いていたことになるのだが、これも明治以降に尾崎が回顧録的にまとめたものに過ぎない。つまり、いずれも龍馬の政治家的志向をどこまで表しているのか分からない。「新政府綱領八策」と「新官制擬定書」、双方ともに過大評価されてきた感は否めない。

龍馬暗殺を検証する

いよいよ、本書も大詰めである。ここからは、慶応三年（一八六七）一一月一五日の龍馬暗殺について述べていこう。結論から先に言うと、実行犯は京都見廻組である。それ以外を犯人と断定できる一次史料は皆無である。決定的な根拠は、京都見廻組隊士であった今井信郎《のぶお》・渡辺篤《あつし》の証言である。若干の食い違いを見せる両者の口述であるが、実行犯には陣頭指揮した組頭の佐々木只三郎《ただざぶろう》、今井、渡辺、そして世良敏郎《せらとしろう》の四人が含まれていたことは確実である。一方で、事件直後から実行犯は新選組とする説が実《まこと》しやかに唱えられていた。なぜ、新選組説が成立したのだろうか。

龍馬暗殺の三日後にあたる一一月一八日、新選組から分かれた高台寺党（御陵衛士《ごりょうえじ》）の伊東甲子太郎《かしたろう》(33)らを暗殺した油小路事件が起き、残党の篠原泰之進《しのはらたいのしん》らは命からがら、薩摩藩邸に駆け込み難を逃れた。大久保利通らは土佐藩にも声をかけ、小目付・谷干城《たてき》らと龍馬の暗殺について彼らを尋問した。結果、暗殺現場に残されていた遺留品の鞘（実は見廻組の世良のもの）が決め手となり、新選組の幹部の一人、原田左之助《さのすけ》が襲撃犯に加わっていたとの言質を得た。しかし、その証言は多分に推測レベルであり、当初から不確実な情報のみで新選組の犯行と即断されたのである。

西郷黒幕説

次に、ここ最近、さすがに実行犯説は影を潜めたものの、薩摩藩・西郷隆盛の黒幕説が現在も散見される。しかし、当時の政治状況を冷静に見極めれば、全くナンセンスな説であることは自明である。本書では、龍馬は慶応元年以降、薩摩藩士として活動しており、土佐藩への復帰（脱藩赦免）後も薩摩藩の意向に沿った周旋活動をしていることを明らかにした。つまり、薩摩藩が同志である龍馬を暗殺するはずがないのだ。例えば、慶応三年（一八六七）一一月一〇日に龍馬は桐野利秋《きりのとしあき》と邂逅《かいこう》しているが、親しく会談している。桐野は赤松小三郎《あかまつこさぶろう》暗殺事件(34)にかかわっており、薩摩藩がその気になれば、とうに龍馬は暗殺されていても不思議ではない。

なお、西郷を黒幕とする説は、龍馬暗殺を自供した今井に対する西郷の甘い対応にも論拠を求めている。しかし、今井が斬首を免除されて禁固刑となったのは、明治三年（一八七〇）六月の「国事犯に対する寛典布告」によるもので、また、明治五年の恩赦は西郷留守内閣の施策ではあったが、幕臣の大量恩赦の一環に過ぎない。つまり、西郷がことさら今井だけを特別扱いにしたわけではなく、西郷黒幕説はあり得ない。ちなみに、龍馬とと

（33）伊東甲子太郎（一八三五～六七）新選組入隊直後から参謀を任されるが、慶応三年三月に脱退。新選組の仲間を引き抜いて孝明天皇の陵を守る組織「御陵衛士」を結成

（34）上田藩の赤松小三郎（一八三一～六七）は長崎海軍伝習所で学んだ西洋兵学者で、幕府と薩摩藩両方から信頼を得た人物だったが、薩摩藩からスパイの嫌疑をかけられ暗殺された

もに暗殺された中岡慎太郎については、暗殺の対象として当初から名前が出ておらず、あくまでも巻き添えであった。中岡もきわめて重要な人物には違いないが、この段階では薩摩藩士として活動する龍馬の方が、何かと目立っていたのではないだろうか。

会津藩の画策

京都見廻組に暗殺の指令がどこから出たのかを考えたい。やはり、京都守護職・松平容保から京都見廻役・小笠原弥八郎《やはちろう》に命が下り、小笠原から実行部隊の佐々木只三郎に指令が出るのが本筋であろう。しかし、実際に計画したのは会津藩公用人・手代木直右衛門《てしろぎすぐえもん》であり、手代木が上司の許可を得て、実弟である佐々木只三郎に直接指示したのではないだろうか。本件への関与者は少数に限られ、容保はそもそも同意した程度で、積極的に関与した形跡は見られない。また、京都所司代・松平定敬（桑名藩主）にも事前に情報が伝えられ、定敬自身も了解していた可能性が高いと考える。

こうして会津藩が画策した龍馬暗殺の動機とは、どのようなものであったのだろうか。まずは、前年の慶応二年（一八六六）一月二三日の寺田屋事件において、捕り方を殺害して逃走した龍馬は、間違いなく殺人を犯した逃亡犯であった。つまり、龍馬の捕縛は正当な公務執行の一環であり、刃向かった場合の切り捨ては正当防衛の範囲とし、当初から殺害することが暗黙の了解であった。なお、本件については、刑部省口書《ぎょうぶしょう》の中の今井証言からも裏付けられる。

次に、大政奉還を推し進めた龍馬に対する会津藩の怨念があろう。大政奉還に最後まで抗ったのは会津藩と桑名藩であり、とくに会津藩は熾烈な巻き返しを図っており、大政奉還に関与した龍馬が許せなかったのだ。しかも、龍馬は若年寄格の永井尚志との接触を図っていた。実際に、慶応三年一一月一一日、一四日に永井との会談を実現しており、幕閣の重鎮であり、大政奉還に動いた永井がさらに龍馬を通じて、西国雄藩に一層籠絡されることへの懸念があったとしても不思議ではない。

さらに、小松帯刀、西郷隆盛、大久保利通が久光ないしは藩主・忠義《ただよし》とともに率兵上京してしまうと、在京の薩摩藩の兵力が相当数に上るため、薩摩藩に庇護されてもおかしくない立場にいる龍馬に対して、手出しができない危惧もあったであろう。こうして、早い段階での暗殺を企図し、一一月一五日の暗殺劇に繋がったのだ。

なぜ見廻組なのか

なぜ新選組でなく見廻組だったのか。管轄的には、新選組でも構わなかったはずである。最後に、この問題を解決しておきたい。

会津・桑名両藩にとって龍馬は巨悪のシンボルであり、何としても自分たちで討ち果たしたいとの衝動が強く、そこに両藩のメンツが加わり、もともとれっきとした幕臣から構成された見廻組に委ねることが上策であった。また、前年の寺田屋事件の管轄は京都所司代であり、松平定敬を立てる意味でも京都見廻組が妥当であった。

さらに、前述したとおり、龍馬暗殺の計画者・手代木直右衛門にとって、京都見廻組の組頭である佐々木只三郎は実弟であり、意思疎通がし易かったことも、当然ながら大きな要因である。しかも、新選組はこの頃、離脱した一派である高台寺党と対立状態にあり、前述のとおり龍馬暗殺後の一八日に両派が刃を交えた油小路事件が起きており、暗殺の指令に応じ難い状況にあった。また、近藤勇は永井尚志と親しく、会津藩と距離ができはじめていたことも一因であったかもしれない。

こうして、幕末を疾風怒濤のように駆け抜けた龍馬は中岡とともに、一七日の夜八時頃に東山霊山に葬られた。満三一歳という若さである。海援隊・陸援隊の主催による神式で葬儀が執行されたが、夜分にもかかわらず、たくさんの群衆に見守られていたという。なお、翌一八日には桐野利秋が墓参したと日記に記し、墓標は木戸孝允の筆によった。龍馬と親交があった関係者は、その後の厳しい政治動向も見据えながら、痛恨の念に苛まれたであろう。

結局、龍馬は土佐藩士でもなく、薩摩藩士でもなく、海援隊の隊長の才谷梅太郎として葬られた。しかし、墓碑銘は坂本龍馬である。そこに、龍馬の帰属を超えた激動の人生が凝縮しているように感じるのは、筆者だけであろうか。

図17　長崎の上野彦馬の写真館で撮影された龍馬　　高知県立坂本龍馬記念館蔵

エピローグ

本書のご依頼をいただいてから、すでに一年以上が経過してしまった。想像以上に難産となったのは、二〇一八年が明治維新一五〇年であったことから、さまざまな企画が持ち込まれ、可能な限りそれに応えていたこと、神田外語大学における私の〝帰属〟が変わり、校務が激増したことにもよるが、何より、新しい龍馬像の構築は、想像以上にしんどかったことを告白したい。果たして、ぜい肉を落とすと同時にあらたな筋肉も付ける、そんな作業が本当にできたのかどうか、やや心許ないが、読者の判断に委ねたい。

たまたま、この正月に「坂本龍馬暗殺」をテーマにした番組を拝見したが、MCを務めていた歴史家が、「龍馬が生きていたら戊辰戦争は起こらなかった」と断言しており、仰天してしまった。私はさすがにそうは思えない。龍馬が生きていたとしても、戊辰戦争までの流れを食い止めることは無理であったと考える。むしろ、戊辰戦争の平定後、廟堂における龍馬の活躍は想像できる。

龍馬は土佐藩士であり、薩摩藩士であり、海援隊の隊長であった。長州藩とのパイプはどの人物よりも強固であり、しかも、越前藩や幕臣に至るまで、そのネットワークは他の同時代人の比ではない。加えて、憎めない人懐っこさや人望の大きさ、いざという時の突破力は捨てがたい魅力である。三条実美のような、カリスマ性を持った精神的支柱には成れずとも、衆議を求めた閣内において、ネゴシエーターとして最適な存在であったろう。龍馬がいたならば、明治六年政変の結果は変わったのではないか、そんな白日夢を見させる人物である。

プロローグで触れた通り、私の歴史との、幕末との最初の出会いは坂本龍馬であった。本書を執筆できたことは、きわめて個人史として意義深い。まさか、龍馬で本を書けるとは……、と天運を感じる。小学校時代、六年生全員で一六〇人ほどだったであろうか、「将来の夢」を記すアンケートが学年単位で実施され、その結果が配られたことがあった。当時は先生、パイロット、警察官といったところが票を集めていた時代である。その結果表の最初に「歴史学者　一名」とあった。それが私である。タイムトラベルが可能であれば、「君はその夢を四九歳で叶え、そして、大好きな龍馬の本を書くことになるよ！」と小学六年生の自分に伝えたい。

　ところで、本書を書きながら、龍馬の真実を知ればするほど、ぜい肉を落としたつもりが、逆にその凄さを再発見し、その偉大さをあらためて知ることになった。やはり、なんだかんだ言っても、私は坂本龍馬が大好きなのだ。執筆中は、つねに龍馬とともにあった。しかし、締め切りを過ぎている。至福の時は、残念ながら終わってしまった。

　最後に、本書の生みの親であり、最初の読者である集英社インターナショナルの土屋ゆふさんに感謝を申し上げたい。締め切りに間に合わなかった原稿を辛抱強くお待ちいただき、何度も何度も励ましていただき、かつ、適切なご助言を賜った。心から、重ねて感謝を申し上げたい。

二〇一九年七月一七日

町田明広

参考文献

史料

・『武市瑞山関係文書』一、一九七二年復刻
・『久坂玄瑞全集』、マツノ書店、一九九二年復刻
・渋谷雅之『樋口真吉日記』下、私家版、二〇一三年
・渋谷雅之『土佐重臣日記』上、私家版、二〇一四年
・『坂本龍馬関係文書』一・二、北泉社、一九九六年復刻
・公爵島津家編纂所編『薩藩海軍史』中、原書房、一九六八年復刻
・『大久保利通日記』上、マツノ書店、二〇〇七年復刻
・杉浦梅潭日記刊行会『杉浦梅潭目付日記』、みずうみ書房、一九九一年
・『開国始末』、人物往来社、一九六八年
・『続再夢紀事』二・四、一九七四年復刻
・鹿児島県歴史資料センター黎明館編『鹿児島県史料(玉里島津家史料)』三・四、鹿児島県、一九九四・一九九五年

・霞会館華族資料調査委員会編纂『東久世通禧日記』上、霞会館、一九九二年
・細川家編纂所『改訂肥後藩國事史料』六、国書刊行会、一九七四年復刻
・『回天実記』二（野史台維新史料叢書二十四）、東京大学出版会、一九七二年復刻
・木戸孝允関係文書研究会『木戸孝允関係文書』一・四、東京大学出版会、二〇〇五・二〇〇九年
・内田伸 編『大村益次郎史料』、マツノ書店、二〇〇〇年
・『山口県史 史料編幕末維新』四、山口県、二〇一〇年
・『大久保利通文書』一、一九八三年復刻
・「野村盛秀日記」、東京大学史料編纂所蔵
・三吉治敬監修『三吉慎蔵日記』、国書刊行会、二〇一六年
・宮地正人編『幕末京都の政局と朝廷』、名著刊行会、二〇〇二年
・『山内家史料　幕末維新』五、山内神社宝物資料館、一九八三年
・瑞山會編纂『維新土佐勤王史』、マツノ書店、二〇〇四年復刻
・『維新史料編纂會講演速記録』、マツノ書店、二〇一一年復刻
・宮地佐一郎編『中岡慎太郎全集』、勁草書房、一九九一年
・「寺村左膳手記」（『維新日乗纂輯』三）、マツノ書店、二〇一四年復刻

・『真覚寺日記』十（土佐群書集成三十五巻）、高知県地方史研究会、一九七四年
＊とくに断りがない場合、正続日本史籍協会叢書〈東京大学出版会〉とする。

著書

・山田一郎『海援隊遺文』、新潮社、一九九一年
・松浦玲『坂本龍馬』、岩波新書、二〇〇八年
・松岡司『定本坂本龍馬伝』、新人物往来社、二〇〇三年
・松岡司『武市半平太』、新人物往来社、一九九七年
・松岡司『中岡慎太郎』、新人物往来社、二〇一〇年
・宮地佐一郎『龍馬の手紙』、講談社学術文庫、二〇〇三年
・知野文哉『「坂本龍馬」の誕生　船中八策と坂崎紫瀾』、人文書院、二〇一三年
・武田正視『木原適處と神機隊の人びと』、月刊ペン社、一九八六年

拙著

・『島津久光＝幕末政治の焦点』、講談社、二〇〇九年

・『幕末文久期の国家政略と薩摩藩―島津久光と皇政回復―』、岩田書院、二〇一〇年
・『攘夷の幕末史』、講談社、二〇一〇年
・『歴史再発見　西郷隆盛　その伝説と実像』、ＮＨＫ出版、二〇一七年
・『薩長同盟論』、人文書院、二〇一八年

町田明広《まちだ あきひろ》

歴史学者。一九六二年、長野県生まれ。上智大学文学部・慶應義塾大学文学部卒業、佛教大学大学院文学研究科博士後期課程修了。神田外語大学准教授・日本研究所副所長。明治維新史学会理事・事務局長。著作に『島津久光＝幕末政治の焦点』（講談社選書メチエ）、『攘夷の幕末史』（講談社現代新書）、『グローバル幕末史』（草思社）、『薩長同盟論』（人文書院）など。

新説《しんせつ》 坂本龍馬《さかもとりょうま》

二〇一九年一〇月一二日 第一刷発行

インターナショナル新書〇四五

著者 町田明広《まちだ あきひろ》
発行者 椛島良介
発行所 株式会社 集英社インターナショナル
〒一〇一-〇〇六四 東京都千代田区神田猿楽町一-五-一八
電話 〇三-五二一一-二六三〇
発売所 株式会社 集英社
〒一〇一-八〇五〇 東京都千代田区一ツ橋二-五-一〇
電話 〇三-三二三〇-六〇八〇（読者係）
〇三-三二三〇-六三九三（販売部）書店専用
装幀 アルビレオ
印刷所 大日本印刷株式会社
製本所 大日本印刷株式会社

 ISBN978-4-7976-8045-4 C0221

インターナショナル新書

036
三河吉田藩・お国入り道中記
久住祐一郎

古文書から読み解く参勤交代のリアル！ 集合は真夜中！ 道中で殿様が死んだら？ 食事と宿はチケット制！ 江戸に旅行代理店？ 磯田道史氏推薦。

041
税のタブー
三木義一

宗教法人、暴力団、政治団体。なぜ彼らの税負担は軽いのか。誰も踏み込まなかった領域に立ち入り、不公平税制の真因を税の成り立ちから考える。

042
老化と脳科学
山本啓一

「脳」と「老化」の関係は？『ネイチャー』誌などから世界最先端の研究をキャッチアップ！ 脳の老化を遅らせる治療法や生活習慣なども紹介。

043
怪獣生物学入門
倉谷 滋

ゴジラ、ガメラ、『寄生獣』のパラサイト……、SFの一ジャンルを築いた怪獣たちを徹底検証。怪獣とは何か？ その生物学的な答えを掘り起こしていく。

044
危険な「美学」
津上英輔

戦意高揚の詩、美しい飛行機作り、結核患者の美、特攻隊の「散華」。人を眩惑し、負の面も正に反転させる美の危険を指摘する。